Estime de soi,
Confiance en soi

De Josiane de Saint Paul

Choisir sa vie – Découvrir et réaliser ses valeurs et ses buts de vie avec la Programmation Neuro-Linguistique

Derrière la magie – La Programmation Neuro-Linguistique, avec Alain Cayrol

L'Esprit de la magie – La Programmation Neuro-Linguistique, Relation à soi, relation à l'autre, relation au monde, avec Sylvie Tenenbaum

Autres titres de la même collection

François BESANÇON
Communiquer avec une victime de l'alcool

Nelly BIDOT, Bernard MORAT
D'un monde à un autre, Exercices de Programmation Neuro-Linguistique à pratiquer au quotidien

Gérard COLLIGNON
Comment leur dire... La Process Communication

Hélène DE FALCO, Catherine PERROT-GALLIEN
Savoir se préparer à un examen

Bruce FISCHER
Après la rupture – Reconstruire sa vie après un divorce ou une séparation

Susan FORWARD (avec Donna FRAZIER)
Le Chantage affectif – Quand ceux que nous aimons nous manipulent

Erica GUILANE-NACHEZ
Bien se connaître pour bien piloter sa vie – Savoir ce que l'on veut et concrétiser ses ambitions

Muriel JAMES, Dorothy JONGWARD
Naître gagnant - L'Analyse Transactionnelle dans la vie quotidienne

Adrienne MENDELL
Travailler avec les hommes : les règles du jeu – Tout ce qu'une femme doit savoir pour réussir dans un monde d'hommes

Guy MISSOUM
Réussir sa vie aujourd'hui – Dynamique, outils et stratégies

Claude STEINER (avec Paul PERRY)
L'ABC des émotions – Développer son intelligence émotionnelle

Sylvie TENENBAUM, Dominique LAUGERO, Dominique CAVÉ
L'Ennéagramme – Connaissance de soi et développement personnel

Sylvie TENENBAUM
Bien vivre sa vie de couple – Affectivité, psychologie, communication

Josiane de Saint Paul

Estime de soi, Confiance en soi

Les fondements de notre équilibre personnel et social

InterEditions

ISBN : 2 10 004340 4

TABLE DES MATIÈRES

Première partie

S'accepter à tous les niveaux

Deuxième partie

Vivre en accord avec ses motivations profondes

Troisième partie

Acquérir les capacités nécessaires pour compter sur soi et faire face aux défis de la vie

Quatrième partie

Conquérir, développer et maintenir estime de soi et confiance en soi aux différents âges de la vie

« En dépit des apprentissages passés, chacun peut apprendre à considérer qu'il a de la valeur, avoir une haute estime de soi, avoir confiance en soi. Nous avons tous une sagesse interne, nous avons tous deux hémisphères cérébraux. Nous avons un cœur. Si nous pouvons accepter l'idée que nous avons la capacité d'envoyer des gens sur la lune, nous pouvons accepter d'élever le sentiment que nous avons de notre propre valeur. »

Virginia Satir, 1983

INTRODUCTION

POURQUOI ÉCRIRE SUR L'ESTIME DE SOI et la confiance en soi? Comme nous allons le voir bientôt, il y a de nombreuses raisons « objectives » de s'intéresser à ce sujet. Pourtant, la raison profonde de mon intérêt tient probablement à la lutte « héroïque » que j'ai dû mener depuis ma plus tendre enfance pour conserver la mienne dans un monde qui traitait les enfants comme des choses et les femmes comme des citoyens de deuxième catégorie. Or j'avais la malchance d'être les deux à la fois. Cela me parut beaucoup, je crois — bien que je ne fusse pas seule dans mon cas — mais cela, je ne le savais pas encore!

Par chance, les maladresses me parurent si surprenantes et la crédibilité des adultes si peu évidente que c'est sans doute cela qui me « sauva ».

Devant tant d'incohérences et dans un effort désespéré pour comprendre les règles et les lois qui régissaient leurs comportements, je me mis à observer les adultes avec beaucoup d'attention et à réfléchir en utilisant ma propre logique. Finalement, j'en vins à douter du bien-fondé de la considération à laquelle ils pensaient avoir droit à priori et à apporter plus de crédit à mon propre jugement qu'au leur, quels que fussent leur âge et leur position hiérarchique, critères qui ne me semblèrent en aucune façon une garantie de sérieux. Parallèlement, j'en vins à penser que le concept de « figure d'autorité » (même si je n'utilisais pas cette expression sophistiquée) était vide de sens ou qu'il signifiait : quelqu'un qui a, *momentanément*, les moyens de vous obliger à faire quelque chose qui lui convient à lui, pour des raisons dont la logique et même la respectabilité peuvent être mises en doute.

Je ne suis pas en train de faire le procès de mes parents. Je pense que, compte tenu des aléas de leur propre histoire, ils ont fait de leur mieux. Au moins ai-je su que mon intelligence était reconnue et, la plupart du temps, appréciée. J'ai aussi le souvenir d'avoir ri très souvent en famille. Ce n'était pas si mal ! Je parle plutôt du contexte global dans lequel j'ai grandi et, hélas, du contexte dans lequel continuent à vivre la grande majorité des enfants du monde. Le problème du respect de la dignité de la personne humaine et du maintien de l'estime de soi dépasse très largement le cadre de la famille. Il est en grande partie culturel, social et même politique. Bien que de façon intuitive, je l'ai très vite compris. J'ai donc décidé qu'il fallait changer… le monde (!) pour que chacun soit respecté, responsable et heureux. Je devais avoir six ou sept ans et, à partir de cette époque, j'ai commencé à apprendre avidement pour chercher des solutions. Cela m'a pris un certain nombre d'années et quelques tâtonnements mais la question sous-jacente restait identique : comment faire évoluer les choses pour que nous vivions tous heureux dans un monde en paix ?

Partant de ce que j'avais pu observer moi-même ou entendre de ce qui se passait dans le monde, j'en déduisis que seuls des hommes responsables et équilibrés pourraient se conduire de façon cohérente et produire « un monde auquel on aurait envie d'appartenir ».

Restait à trouver les moyens pour les amener à changer leur attitude. La solution me sembla assez vite claire : en les éduquant on pourrait leur ouvrir les yeux. Ma mission sur cette terre et ma vocation d'enseignante au sens plein du terme étaient nées ! Je ne prétends pas que tout cela était bien clair dans ma tête dès le début. Pendant des années, j'ai cherché intuitivement de possibles leviers pour accomplir une tâche que je ne faisais que pressentir. Par où prendre le problème : l'enseignement à la base (celui des enfants) ? L'action sociale ? La politique ? Mes différentes tentatives furent passionnantes : à la fois pleines de déconvenues et riches d'enseignements. Après quelques années, j'en arrivai à penser qu'avant de mobiliser les gens, même éduqués, même motivés, sur une tâche aussi importante que celle consistant à changer la société, il fallait leur permettre de retrouver l'équilibre interne qui leur permettrait d'utiliser leur énergie de façon constructive et de produire, « naturellement », une telle société. C'est alors que je décidai de devenir psychothérapeute. Au cours d'une thérapie entreprise parallèlement à cette décision, je retrouvais certaines de mes décisions de petite fille et je m'aperçus que mes aspirations étaient quelque peu grandioses ! Je compris alors qu'une baleine se mange bouchée après bouchée (et que, d'ailleurs, il n'était peut-être pas nécessaire de manger toute la baleine à moi toute seule) et je trouvai ma voie.

Je suis devenue plus réaliste, donc plus modeste mais je continue à rêver et je réalise mon projet de vie à ma façon en pratiquant plusieurs activités complémentaires : je dirige un centre de formation, j'enseigne diverses approches de sciences humaines, je pratique la psychothérapie de groupe, j'écris, je donne des conférences… J'ai ainsi l'impression réconfortante que je suis en accord avec moi-même en contribuant à diffuser des idées et des moyens pour tendre vers un monde plus responsable, plus juste et plus heureux. Certes, il reste beaucoup à faire ! Cet ouvrage est sans aucun doute une tentative pour embaucher de la main-d'œuvre.

L'ESTIME DE SOI : « LE » LEVIER ?

Bien avant d'avoir les mots précis pour nommer « estime de soi » cette attitude positive vis-à-vis de soi-même, je me suis demandé comment il se faisait que certaines personnes en manquent à ce point et semblent avoir une si piètre opinion d'elles-mêmes. J'ai également pu constater combien cette attitude les rendait malheureuses, maladroites dans leurs rapport avec les autres et combien elle déformait la façon dont elles s'y prenaient pour atteindre leurs objectifs si, par hasard, elles étaient conscientes d'en avoir. C'était comme si toute leur énergie était utilisée pour défendre un « ego » sans cesse menacé.

Dans le cadre de mes activités, je me suis également rendu compte que la façon dont les étudiants, les personnes qui travaillent dans une entreprise ou celles qui poursuivent une psychothérapie abordent les tâches à accomplir dépendait essentiellement de leur estime d'eux-mêmes et de leur confiance en eux. Il en est de même pour les capacités à acquérir ainsi que pour les problèmes à résoudre et les résultats qui peuvent être obtenus.

Dans le cadre de mon métier d'enseignante ou de celui de psychothérapeute, il me sembla donc clair dès le début que l'une de mes tâches était de promouvoir l'estime de soi et la confiance en soi chez les personnes que j'accompagnais. Je devais découvrir un peu plus tard que je n'avais aucune raison de changer cet objectif en accomplissant des tâches différentes comme celle, par exemple, qui consiste à animer une équipe. Je compris aussi que j'opérais à partir d'une croyance implicite : *favoriser ou même faire éclore l'estime de soi et la confiance en soi est chose possible !* Si je mentionne cette croyance, c'est qu'elle n'est pas partagée par tout le monde. J'ai lu récemment un livre sur le sujet qui développait sur deux cent cinquante pages les diverses raisons et « preuves » qui « démontrent » qu'il n'en est rien. Heureusement, dans la mesure où cette idée ne m'avait pas effleurée, j'ai eu l'occasion d'accumuler des preuves du contraire avant de lire cet ouvrage. En effet, pourquoi mobiliser ses efforts pour accomplir une tâche dont on croit, à l'avance, qu'elle ne peut être couronnée de succès ? Parallèlement, j'avais appris que la caractéristique d'une croyance, c'est qu'elle agit comme une prédiction qui se réalise. Tout se passe comme si nous faisions le nécessaire pour valider nos croyances grâce à des stratégies appropriées. Ainsi, si je crois en moi, je vais agir de telle façon que je vais réussir… ce qui affermira ma croyance que j'ai bien raison de croire en moi. À l'inverse, si je doute profondément de ma valeur ou de mes capacités, je risque fort de ne rien entreprendre ou de faire les choses en partant « battue d'avance ». J'obtiendrai probablement ainsi des résultats qui me conforteront dans mes opinions préalables.

Depuis longtemps, de nombreux philosophes et psychologues s'accordent à penser que l'estime de soi est nécessaire à l'équilibre d'un être humain et que la confiance en soi est un moteur nécessaire à l'épanouissement et à la réussite personnelle et sociale. Parmi les plus célèbres, William James, le « père » de la psychologie américaine, Alfred Adler qui a mis en lumière le fameux « complexe d'infériorité » susceptible de se mettre en place lors d'une éducation mal comprise et qui empêche l'enfant, et plus tard l'adulte, d'apporter une solution à ses difficultés. Plus récemment, Carl Rogers annonçait : « Si je devais chercher le cœur même de la difficulté chez les gens tels que j'ai appris à les connaître, c'est que, dans la grande majorité des cas, ils se méprisent et se considèrent comme sans valeur et indignes d'être aimés. » Virginia Satir, thérapeute familiale renommée, l'un des modèles les plus influents de la Programmation Neuro-Linguistique, a été toute sa vie le chantre de l'estime de soi. C'est grâce à elle si, aujourd'hui, ce concept dépasse largement le cadre de la psychothérapie et du développement personnel et entre dans l'histoire par le biais de la politique économique et sociale.

UN PEU D'HISTOIRE TRÈS CONTEMPORAINE

En 1984, le sénateur de Californie John Vasconcellos prépare le budget du comité qu'il préside. Il s'agit de trouver des moyens pour endiguer un certain nombre de maux de société qui, dans cet État comme dans beaucoup d'autres endroits du monde, croissent à une allure inquiétante : violence et délinquance, alcoolisme, chômage, drogue, échec scolaire, augmentation dramatique du nombre des grossesses chez les adolescentes, etc. Or, outre la détresse que cela suppose, tout ceci coûte cher, très cher : des millions et des millions de dollars. John Vasconcellos connaît bien Virginia Satir et son travail. Avec le soutien d'une poignée de personnes persuadées que ces problèmes sont corrélés au manque d'estime de soi, il obtient l'ouverture d'une enquête. Les résultats sont probants. La même année, une commission officielle est créée. C'est la « California Task Force to Promote Self-esteem and Personal and Social responsability » (Commission californienne pour la promotion de l'estime de soi et de la responsabilité individuelle et sociale). De nombreuses personnalités se mobilisent pour apporter leur soutien à cette initiative, dont Virginia Satir elle-même (elle mourra en 1988 et le rapport final lui sera dédié). L'idée est la suivante : plutôt que de réagir à une épidémie de problèmes sans cesse renouvelés, il est plus efficace de promouvoir le bien-être de l'individu et, par là même, la santé de la société. Le rôle de la commission est de trouver les moyens pour atteindre cet objectif ambitieux. Or un travail de recherche de trois années a montré que l'estime de soi pourrait bien être la clé tant recherchée. Clairement, l'enjeu est de taille, il est maintenant économique, politique et social. Il a officiellement dépassé le cadre du développement personnel. En 1990, la commission publie un mémoire : « Towards a State of Esteem – The Final Report of the California Task Force to Promote Self-esteem and Personal Responsability » (Vers un état d'estime – Le rapport final de la commission californienne pour la promotion de l'estime de soi et de la responsabilité individuelle), avec la définition des termes employés, le rôle et la tâche de la commission, les résultats espérés, des recommandations générales ainsi que des propositions adaptées aux différents problèmes cités.

Depuis, de nombreux programmes ont été mis en place, non seulement en Californie mais aussi dans de nombreux autres États et même dans d'autres pays. Les résultats en sont très encourageants. En particulier — et en dépit des nombreuses attaques dont ces programmes ont été l'objet, il est aujourd'hui reconnu que les écoles qui pratiquent les recommandations de la commission et incluent la promotion de l'estime de soi et de la responsabilité personnelle dans leur enseignement obtiennent de meilleurs résultats académiques que les autres (les tests étant effectués par des organismes indépendants).

L'initiative de la Californie et les résultats déjà obtenus ne prouvent pas que la promotion de l'estime de soi constitue la panacée ni même une solution rapide pour résoudre les nombreuses difficultés auxquelles les sociétés modernes doivent faire face. Aucun remède n'est miraculeux en soi. En revanche, certaines attitudes peuvent déplacer des montagnes et d'autres geler définitivement tous les élans. Le mépris et le conservatisme derrière lesquels se retranchent parfois certains « intellectuels » sont dangereux : ignorer (ou faire semblant), critiquer, ironiser, pontifier, voire s'indigner dès qu'une approche dépasse le cadre du discours abstrait pour s'engager dans l'action est suicidaire. Il y a mieux à faire que de laisser la situation pourrir en se moquant des initiatives « naïvement idéalistes ».

PLAIDOYER POUR UNE PHILOSOPHIE IDÉALISTE

Je suis parfaitement consciente aujourd'hui de l'aspect « idéaliste » de mon propos, comme des propositions de la commission californienne. D'autres courants de pensée, d'autres personnes font des raisonnements différents qu'ils présentent, en général, comme étant plus « réalistes ». Par exemple, ils affirment que l'être humain est égoïste « par nature » et que l'agressivité est inévitable, tout comme la violence et les guerres. Dans ces conditions, il vaut mieux apprendre à se défendre et à manipuler, voire à écraser les autres, comme nous nous faisons manipuler et écraser lorsque nous sommes les plus faibles. Quelle que soit la théorie, nous sommes dans le champ des croyances, c'est-à-dire dans le domaine de l'improuvable. Mon propos n'est donc pas de chercher la « vérité » ni, bien sûr, de prétendre la détenir. En revanche, si plaider pour la poursuite matérielle et concrète de certains idéaux ne repose pas sur la croyance en une vérité unique, elle me paraît l'attitude la plus *utile*. Lorsque je dis utile, je veux dire utile pour générer certains résultats et, par exemple, pour vivre une vie plus épanouissante dans un environnement aussi agréable que possible. Si certains prétendent que c'est un objectif difficile, et même impossible à atteindre, nul ne pourrait contester que ce serait plus plaisant !

La première raison pour plaider en faveur de la poursuite d'idéaux est que, comme les scientifiques du monde entier s'accordent à le dire aujourd'hui, les hypothèses que nous posons (toute croyance est une hypothèse) conditionnent les résultats que nous obtenons. Ainsi, si je crois que les êtres humains sont « mauvais » et que le monde est un endroit dangereux, je « produis » — sans même en avoir conscience mais aussi sûrement que deux et deux font quatre (en base dix) — un monde paranoïaque où les autres sont mes ennemis et où le danger me guette à tous les coins de rue... ce qui ne facilite guère mon épanouissement. Cela ne constitue pas non plus la meilleure définition d'une société agréable à vivre. De plus, c'est très gênant pour l'estime que je me porte puisque, à l'évidence, je fais moi-même partie du genre humain !

La seconde raison est que l'existence d'un idéal chez l'être humain est à la fois inévitable et bénéfique. En effet, si vous demandez à quelqu'un si tout lui paraît aller pour le mieux dans le meilleur des mondes possibles, il acquiesce rarement, même s'il croit que l'on n'y peut rien changer. Or, se montrer insatisfait, critiquer, dire que c'est dommage ou que c'est « mal » supposent nécessairement un point de comparaison avec ce qui serait « mieux » ou même « bien ». Ainsi, la plupart des gens s'accordent à penser que ce serait « bien » si les enfants recevaient une « bonne » éducation à l'école, s'ils ne s'y faisaient pas racketter ou agresser, si les rues étaient sûres la nuit, si la fiscalité était « juste », si les gens étaient « serviables », « coopératifs », « courageux » et « sincères ». Or ces idéaux, que nous en ayons conscience ou non, indiquent les valeurs qui sont importantes pour nous et nous servent de moteur. Ils nous donnent une direction vers laquelle nous diriger et déterminent, à la fois, nos choix et notre degré de satisfaction dans l'existence. Quelqu'un qui vit en accord avec ses valeurs expérimente un haut niveau de satisfaction et vice-versa. La plupart des dépressions parmi les plus graves viennent de l'absence d'idéal, c'est-à-dire d'absence de sens à donner à son existence. Victor Frankl, médecin et psychanalyste, considérait que donner un sens à sa vie était l'essentiel pour un être humain. Plus important que l'existence elle-même. Il était bien placé pour le savoir. Déporté dans un camp de concentration pendant la Seconde Guerre mondiale, il avait appris à reconnaître lequel de ses compagnons serait mort le lendemain. Ce n'était pas le plus affaibli par les privations et la maladie, c'était celui qui avait perdu l'espoir et pour qui la vie n'avait plus de sens.

Par ailleurs, prétendre que toutes choses sont égales et que toutes les sociétés se valent relève de la mauvaise foi : « Toutes les sociétés sont mauvaises; mais il y a des degrés », écrivait le philosophe E. M. Cioran. Qui oserait prétendre que vivre ici ou là, sous tel régime ou tel autre, c'est pareil? Certaines organisations sociales sont, à l'évidence, plus agréables à vivre que d'autres. En revanche, *la société idéale n'existe pas*. Il s'agit-là d'un point capital car c'est, en général, là que le bât blesse. C'est un point facile à constater et c'est précisément cette constatation qui décourage. À quoi bon rechercher quelque chose dont on sait très bien qu'on ne l'atteindra pas? *Or un idéal est fait pour être poursuivi, non pour être atteint!* Ceci peut paraître à priori paradoxal. En fait, c'est très logique. Lorsque nous marchons la nuit sous les étoiles et que l'une d'elles nous indique le chemin à suivre, sommes-nous déçus parce que nous ne l'atteindrons jamais? Certes non, l'étoile joue son rôle en nous indiquant la route. Il en est de même de nos idéaux.

Je me suis longtemps passionnée pour l'utopie : ce lieu qui n'existe pas et qui héberge une société « parfaite ». Quelle ne fut pas ma déception lorsque, grâce à Cioran (cité plus haut), je compris que toute société idéale était inéluctablement totalitaire! Car, une fois la perfection atteinte, il faudrait être fou pour laisser gâcher ce bel édifice par un dissident! Il faut donc l'éliminer ou le mettre au pas : « Une société qui se voudrait parfaite devrait mettre à la mode la camisole de force ou la rendre obligatoire » (Cioran).

Bien entendu, les auteurs qui ont produit des utopies n'envisagent même pas qu'on puisse être insatisfait dans leur société idéale. Il n'y a donc pas de dissidents... et pourtant, tout le monde ne se fait pas la même idée de ce qu'est la perfection ! Il est donc difficile d'imaginer que tout le monde soit enchanté en permanence ! Ainsi, s'il était atteint, non seulement l'idéal ne remplirait plus son rôle mais en plus, il engendrerait vite un goulag ! Gardons-lui donc son caractère utopique et, par voie de conséquence, ses vertus : l'idéal est là pour inspirer et pour donner *un sens*, c'est-à-dire à la fois *une signification et une direction* : « L'impossible, nous ne l'atteindrons pas, il nous sert de lanterne », disait le poète René Char.

Nous avons besoin d'idéaux, c'est peut-être même ce dont nous manquons le plus cruellement. À moins que ce ne soit du courage nécessaire pour imaginer et mettre en œuvre les applications pratiques qu'ils nous inspirent. Mais il est vrai que passer à l'action, c'est — en quelque sorte — trahir l'idéal. En effet, « Agir, c'est forfaire à l'absolu » (Cioran). Et pourtant, il faut accepter de forfaire. Toute tentative qui s'appuie sur une vision assez belle pour mobiliser le meilleur des êtres humains a des chances de succès et, comme le disait Albert Enstein : « Toute grande réalisation a d'abord été un rêve dans la tête de quelqu'un. »

QUEL EST NOTRE PROPOS ?

Cet ouvrage a pour but de permettre à tout un chacun de comprendre ce qu'est l'estime de soi, la confiance en soi, la responsabilité personnelle et quelques autres concepts importants dans ce domaine ainsi que leurs conséquences individuelles et sociales. Après quelques définitions, nous étudierons comment l'estime de soi naît et comment elle se manifeste. Nous chercherons ensuite ensemble à dresser une liste des composantes de base de l'estime de soi ainsi que des ingrédients nécessaires pour la soutenir, la nourrir et permettre que s'installe et s'affirme la confiance en soi.

Dans un deuxième temps, nous évoquerons l'acquisition, l'affermissement ou le maintien de l'estime de soi et de la confiance en soi au cours de l'évolution de l'enfant, de l'adulte et de la personne âgée. En fonction du stade de développement et des besoins inhérents aux différents âges de la vie, l'estime de soi et la confiance en soi ne peuvent être acquis, favorisés, maintenus ou exprimés de la même façon. Nous nous attacherons donc à connaître les enjeux principaux, à comprendre les différences à respecter et à apprendre comment agir en conséquence pour contribuer en connaissance de cause à notre propre épanouissement, à celui des autres et au meilleur fonctionnement de la société.

Par-delà la théorie, il s'agit d'un livre pratique qui engage à passer à l'action pour nous mais aussi avec nos enfants, nos parents, les personnes avec qui nous travaillons, celles que nous aimons, peut-être même celles que nous ne ferons que rencontrer quelques brefs instants. Il est donc une tentative personnelle pour manger une bouchée de la baleine. Je souhaite qu'il donne au lecteur de l'appétit pour les cétacés, le bonheur, l'action et la poursuite de ses idéaux. Il deviendra ainsi une contribution à l'avènement d'une société plus responsable et plus généreuse, dans laquelle chacun pourra s'épanouir et se réaliser dans le respect de lui-même, des autres et de l'univers qui l'entoure.

1

ESTIME DE SOI ET CONFIANCE EN SOI

De quoi s'agit-il ?

IL N'EXISTE PAS DE DÉFINITION universellement acceptée de l'estime de soi. Pour le *Petit Larousse*, l'estime est : « L'appréciation favorable que l'on peut avoir d'une chose ou d'une personne. » En revanche, la définition de ce qu'est le « soi » est beaucoup plus difficile à établir car elle varie selon les auteurs et les courants de pensée. S'agit-il de la personne et de qui elle est, de son « essence » ? Parle-t-on de sa personnalité, c'est-à-dire des adaptations qu'elle a mises en place pour survivre dans les contextes et les circonstances qu'elle a eu à affronter ? Nous clarifierons bientôt ce sujet, mais là n'est pas la seule question. En effet, que le « soi » renvoie à l'essence ou à la personnalité du sujet ne nous permet pas de comprendre pleinement ce qu'est « l'estime de soi ». S'il s'agit d'apprécier favorablement sa personne ou/et sa personnalité, en quoi cela consiste-t-il ? Quelles sont les caractéristiques des personnes qui ont une bonne estime d'elles-mêmes, quels sont les avantages de l'estime de soi et les inconvénients si l'on en manque ? Comment être sûr qu'on en a assez, et pas trop ?

Plus connu, le terme « confiance en soi » suscite moins d'interrogations. Comme nous allons bientôt le voir, la confiance en soi est un sentiment qui découle naturellement de l'estime de soi. C'est la raison pour laquelle nous nous intéresserons tout d'abord à cette dernière.

Pourtant, avant de poursuivre, je vous propose de répondre au questionnaire qui suit. Il vous permettra d'acquérir une idée générale de votre estime de vous-même, avant d'être influencé(e) par la lecture de ce qui suit.

Soyez honnête avec vous-même et, si toutes les notes obtenues ne vous satisfont pas, songez qu'il ne s'agit que d'un petit sondage et qu'en lisant cet ouvrage, vous êtes précisément en train de faire le nécessaire pour leur faire remonter la pente.

Questionnaire d'estime de soi et de confiance en soi

Donnez-vous une note de 1 (pas vrai du tout) à 10 (tout à fait vrai).

	1	2	3	4	5	6	7	8	9	10
Je m'accepte tel(le) que suis										
Je mérite de me traiter comme un(e) ami(e) et c'est ce que je fais										
J'ai le sentiment que ma vie a du sens										
La plupart du temps, je me sens en accord avec moi-même										
J'aime ce que je fais (mon activité professionnelle)										
Mon activité professionnelle me permet de me réaliser										
J'ai l'impression que ma vie est de plus en plus intéressante										
Ma vie familiale est gratifiante pour moi										
Je m'accorde du temps pour moi seul(e)										

	1	2	3	4	5	6	7	8	9	10
J'ai l'impression d'avoir une influence positive sur mon entourage (personnel, professionnel, en général)										
Je vis en accord avec mes valeurs										
J'ai l'impression de choisir ma vie										
J'ai confiance en moi pour relever les défis de la vie										
D'une façon générale, j'ai une bonne image de moi										
Je suis bienveillant(e) avec moi-même, même quand je fais des erreurs										
Ce que je fais dans la vie me permet de réaliser des choses qui me semblent importantes : – pour moi – pour et avec les autres										
En général, j'ai l'impression : – d'être accepté(e) par les autres – d'être apprécié(e) par les autres										
Je suis heureux(se) d'être accepté(e), apprécié(e), aimé(e) et j'ai l'impression d'exister même quand je ne le suis pas										
Je considère que, d'une façon générale, je vis une vie épanouissante										

QUELQUES IDÉES REÇUES

Pour comprendre ce qu'est l'estime de soi, nous allons tout d'abord examiner quelques croyances erronées qui se rencontrent couramment.

Certaines personnes imaginent en effet que l'estime de soi est proche de l'égoïsme, si ce n'est de la suffisance. On retrouve ici l'influence de l'éducation judéo-chrétienne *mal comprise.* Il faudrait aimer et estimer les autres et « s'oublier » soi-même. À l'impossible nul n'est tenu ! Comment s'oublier en vivant vingt-quatre heures sur vingt-quatre avec soi même ? Souvent analysé de façon univoque, et par là-même erroné, le précepte biblique « Aime ton prochain comme toi-même » est intéressant à étudier de plus près. Il présuppose en effet que l'on s'aime, puisqu'il est question d'aimer l'autre *comme soi-même.* Si, comme nous allons le voir, on ne peut pas assimiler l'estime de soi à l'amour de soi, il est clair que l'estime de soi le suppose et, dans ce sens, on peut dire que la Bible plaide en faveur de l'estime de soi !

Le psychologue Erich Fromm évoque également la complémentarité de l'amour de soi et la capacité à aimer autrui :

> ☆
>
> « L'amour des autres et l'amour de soi ne sont pas des alternatives. Au contraire, une attitude d'amour envers soi-même se rencontrera chez tous ceux qui sont capables d'aimer les autres. »

Pour d'autres personnes, l'estime de soi est le propre de personnes arrogantes. Cette croyance vient de la confusion entretenue entre une véritable estime de soi et la prétention. Comme Alfred Adler l'a très bien expliqué, le soi-disant « complexe de supériorité » n'est qu'une tentative pour masquer un complexe d'infériorité. Certaines personnes cachent leur manque d'estime d'elles-mêmes en se survalorisant, tentant ouvertement ou non de dévaloriser les autres pour cacher une insécurité de base. En effet, à quoi serviraient ces manœuvres si la personne jouissait d'une réelle estime d'elle-même ? Elles deviendraient inutiles. Un cas intéressant est celui des enfants « idolâtrés » par leur mère. On trouve ce phénomène couramment dans certaines cultures méditerranéennes vis-à-vis des enfants mâles. Tout se passerait bien pour eux si les expériences de la vie ne les confrontaient pas à des personnes moins indulgentes et si leurs performances étaient régulièrement appréciées par les autres. Bien entendu, c'est rarement ainsi que les choses se passent : il est difficile de trouver un public aussi régulièrement enthousiaste que maman. Certains remettent les choses à leur place et réajustent leur image d'eux-mêmes sans trop de dommages, mais ce n'est pas toujours le cas. Une réaction assez courante est de rejeter les feed-back (ou retours d'information) qui ne correspondent pas avec l'opinion qu'ils entretiennent à propos d'eux-mêmes. Ils préfèrent alors dévaloriser l'opinion d'autrui et chercher ailleurs des réponses qui cadrent mieux avec l'image idéalisée qu'ils tentent de conserver. Il faut noter que ce phénomène peut se produire partout et qu'il n'est pas réservé aux garçons. Il peut d'ailleurs présenter, du moins en apparence, certains avantages : l'enfant (et plus tard l'adulte) ainsi idéalisé est « poussé » à réussir pour coïncider avec l'image qu'on lui renvoie. Il a donc tendance à se comporter de telle façon qu'il validera les croyances qui sont devenues les siennes. De plus, il se présente avec une certaine assurance. C'est la raison pour laquelle l'entourage peut facilement se tromper et prendre son attitude pour de l'estime de soi. En fait, la personne est incitée fortement à réussir par des raisons qui sont fondamentalement inconfortables, même si elle n'en a pas toujours une claire conscience : il s'agit de maintenir à tout prix une image positive de soi *aux yeux des autres* pour pouvoir la garder vis-à-vis de soi-même. Bien entendu, il ne s'agit-là que d'un exemple de « fausse » estime de soi, il y a d'autres origines à ce type d'attitude, qui peuvent être multiples et doivent s'analyser au cas par cas.

Quelle que soit l'origine du problème, le psychologue William James explique bien ce phénomène : « Les personnes qui ont une estime de soi réellement élevée pensent qu'elles sont compétentes et dignes d'être aimées; les personnalités narcissiques prétendent avoir une estime de soi élevée mais sont en fait incertaines à propos de leur valeur. Par conséquent, elles se sentent obligées d'asseoir leur vision d'elles-mêmes sur des activités compensatoires. Elles compenseront souvent leurs doutes sur elles-mêmes en essayant de dévaloriser les autres. »

Ce dernier point me rappelle un « mot » historique que j'aime particulièrement. Au roi de Suède, Gustave V qui, pendant la Seconde Guerre mondiale, refusait de faire porter l'étoile jaune aux juifs, l'officier nazi chargé de l'y amener demanda : « Et comment allez-vous résoudre le problème juif ? » Ce à quoi le roi répondit : « Nous n'avons pas de problème juif, nous ne nous sentons pas inférieurs. »

Certaines personnes craignent aussi que l'estime de soi n'entraîne égocentrisme et intolérance. En effet, la personne sûre d'elle-même essayerait d'imposer aux autres ses idées et ses façons de penser et dévaloriserait quiconque ne se rangerait pas à son point de vue. En réalité, on peut observer le contraire : mieux les personnes s'acceptent, plus elles ont tendance à être bienveillantes envers autrui et tolérantes vis-à-vis des idées et des comportements qui leur sont étrangers. Le psychologue américain Glenn Doman a écrit un ouvrage, *Enfants, le droit au génie*, qui propose une méthode pour faire de chaque enfant un enfant « surdoué ». Il a également ouvert une école qui applique les enseignements tirés de ses recherches. Il a constaté que la crainte de produire ainsi de petits tyrans égoïstes et méprisants est complètement injustifiée. Ces enfants qui jouissent d'une excellente estime de soi se montrent au contraire amicaux, confiants, sociables et pleins de joie de vivre. Indépendamment de ce que l'on peut penser de ce type de méthode qui présente, par ailleurs, certains inconvénients, ses observations sont fort intéressantes : œuvrer pour l'estime de soi est également une façon de promouvoir la tolérance et la paix sociale.

Nathaniel Branden appelle l'estime de soi, le « système immunitaire de la psyché », en ce sens qu'il la protège. On ne peut avoir un système immunitaire qui fonctionne trop bien.

☆

Ainsi, l'estime de soi n'est pas, comme le chocolat, une excellente chose en quantité modérée et un poison si l'on en abuse. Tout comme on ne peut être en trop bonne santé, on ne peut avoir trop d'estime de soi.

L'ESTIME DE SOI

Nous savons que l'estime de soi est l'*appréciation* favorable de soi-même. Il s'agit donc d'une évaluation, c'est-à-dire d'un jugement de valeur à propos de soi. Cela suppose — bien entendu — d'avoir une représentation de soi ! Cette représentation globale, plus large que l'estime de soi, inclut un nombre important de représentations partielles comme notre apparence physique, nos traits de caractère, nos qualités et nos défauts, nos compétences dans différents domaines, nos possibilités et nos limitations, notre position sociale, le sentiment de notre valeur en tant qu'être humain, le sentiment éventuel d'appartenance à quelque chose qui nous dépasse (représentation de soi comme un être spirituel)... Bien entendu, la représentation de soi ne peut être évaluée que par rapport à quelque chose qui sert de mesure : c'est l'idéal du moi. L'idéal du moi ou Moi idéal est ce que la personne voudrait être et être capable de sentir ou de faire. C'est un modèle interne auquel elle va chercher à se conformer. Parfois cet idéal est incarné par un homme (ou une femme) existant ou ayant existé (un héros en quelque sorte) ou existe seulement dans l'esprit de l'intéressé. Cet idéal peut être conscient mais pas nécessairement. S'il est trop parfait, si la représentation est irréaliste, l'écart est trop grand et cet idéal devient à tout jamais inaccessible. Le sujet se sent alors impuissant et perd son estime de lui-même. Au contraire, l'idéal du Moi d'une personne qui jouit d'une bonne estime de soi lui sert de boussole ou de lumière pour éclairer la route et l'aide à avancer vers ce qui lui paraît désirable. On peut dire que :

> ☆
>
> L'estime de soi *est le degré auquel on estime sa valeur personnelle ou la réputation, bonne ou mauvaise, que nous avons auprès de nous-mêmes.*

Dans ces conditions, on comprend pourquoi de nombreux psychologues parlent de l'estime de soi comme d'un besoin puissant des êtres humains. Comment vivre, au sens plein du terme, avec un Moi que nous n'estimons pas? Manquer d'estime de soi, c'est risquer de désespérer; elle est donc essentielle à notre santé physique et mentale, à notre capacité d'adaptation, à notre efficacité et à notre épanouissement. Elle nous permet de Vivre et non pas seulement de survivre. En revanche, le manque d'estime de soi et l'absence de confiance en soi qui l'accompagne sont sources de souffrance et de dysfonctionnements plus ou moins graves, en fonction de la nature (moyenne, médiocre ou carrément mauvaise) de l'évaluation.

Cette évaluation de nous-mêmes concerne divers domaines. On peut donc avoir une bonne estime de soi dans l'un d'eux et une moins bonne dans un autre. Il existe cependant une évaluation « globale » qui s'accompagne d'un sentiment général d'estime ou de mésestime. Ce sentiment est communément conditionné par l'évaluation que nous faisons dans les domaines qui sont de la plus grande importance pour nous. Ainsi, certaines personnes ont une estime de soi très faible à cause de leur apparence physique (et pas seulement les femmes !), alors que pour d'autres, elle est un critère si secondaire que, même si elles ne se trouvent pas « belles », ça ne les empêche pas de porter sur elles-mêmes un jugement favorable.

LA CONFIANCE EN SOI

En ce qui concerne la confiance en soi, les choses sont un peu plus simples. La plupart des gens s'accordent à dire que c'est ce que ressent une personne qui sait qu'elle peut compter sur elle-même.

Alors que l'estime de soi est le produit d'un jugement, d'une évaluation cognitive de nous-mêmes, la confiance en soi est un sentiment. Si la confiance est définie par le *Larousse* comme : « un sentiment d'assurance et de sécurité », la confiance en soi est donc « un sentiment d'assurance et de sécurité à propos de soi ». La confiance en soi renvoie particulièrement à l'un des aspects essentiels de l'estime de soi : une agréable certitude de posséder les capacités nécessaires pour compter sur soi, prendre soin de soi et faire face aux aléas de l'existence. On la définira donc comme le sentiment d'assurance et de sécurité de celui qui peut se fier à lui-même. Nous aurons l'occasion de développer largement la notion de confiance en soi dans les chapitres suivants.

☆

Alors que l'estime de soi est un jugement personnel, le produit d'une évaluation cognitive de soi-même, la confiance en soi est le sentiment qu'éprouve celui qui sait qu'il peut compter sur lui-même pour faire face aux circonstances et aux défis de la vie.

LES DEUX CONCEPTIONS DE BASE DE L'ESTIME DE SOI

Il n'existe pas de l'estime de soi, une définition reconnue par tous. En effet, tout le monde n'est pas d'accord sur ce qui la constitue. De façon simplifiée, on peut dire que l'on se trouve devant deux grands courants. Le premier, dont le chef de file est Virginia Satir, insiste sur l'importance et la valeur intrinsèques de l'être humain. Pour avoir de la valeur, il n'y a rien à faire, il suffit d'être. Sa démonstration est simple : un enfant nouveau-né a-t-il de la valeur ? Est-il important ? La plupart d'entre-nous tomberont d'accord pour dire que c'est « évident » ! Pour Virginia Satir, c'est de la prise de conscience profonde de cette valeur intrinsèque et inaliénable que vient l'estime de soi. Il est donc nécessaire de donner à l'enfant de l'amour inconditionnel et le sentiment de sa propre valeur, quoi qu'il fasse et quoi qu'il lui arrive. L'estime de soi à ce niveau est un « donné ». Parce que nous sommes humains, nous avons de la valeur et nous sommes dignes d'être heureux. Un livret écrit par Virginia Satir pour une adolescente en difficulté et nommé *Self Esteem* a été vendu à des millions d'exemplaires. C'est un poème ou une ode à l'être humain, cette merveille !

Une autre approche philosophique allant dans le même sens consiste à dire que nous avons tous un « soi essentiel » qui est, en quelque sorte, l'étincelle divine en chacun de nous. On pourrait comparer ce soi essentiel à un diamant qui, peu à peu, se recouvre des voiles de la personnalité au fur et à mesure que nous devons nous adapter à notre milieu et trouver des moyens pour y survivre tant bien que mal. Quoi que ces façons de considérer l'être humain puissent être considérées comme des choix philosophiques et intellectuels, elles sont très largement partagées. En effet, la tendance à s'émerveiller devant un nouveau-né et à le considérer comme « pur » et « précieux » est très répandue.

Ce point de vue présente l'avantage de court-circuiter une tendance qui se retrouve chez un nombre non négligeable de personnes qui ont une estime de soi défaillante et qui consiste à « prouver » aux autres et à eux-mêmes qu'ils ont de la valeur en accumulant, par exemple, les diplômes, l'argent et/ou les réalisations et exploits en tout genre. Or on sait très bien que la course est infinie et qu'aucune réalisation ne sera jugée suffisante pour combler les lacunes présumées. Cette conception de l'estime de soi a également pour caractéristique d'être rassurante et tout à fait déculpabilisante…

C'est précisément ce que lui reprochent ses détracteurs ! La presse américaine ne s'est pas privée de se moquer de cette « mode » venue de Californie et qui s'est répandue dans tous le pays. Les humoristes dessinaient des petits monstres satisfaits qui exhibaient leurs méfaits et leurs mauvaises notes avec fierté, en affirmant haut et fort qu'ils avaient le principal : une bonne estime d'eux-mêmes !

Le deuxième courant met l'accent sur le fait que, pour avoir une bonne estime de soi, il faut pouvoir compter sur soi-même et en particulier sur sa capacité de penser clairement et d'agir en accord avec son propre jugement. Le psychologue Nathaniel Branden qui a écrit plusieurs ouvrages sur ce sujet insiste particulièrement sur ce point. Pour lui, le sens de sa valeur personnelle qui est probablement (dit-il) notre droit de naissance n'est que *l'antichambre* de l'estime de soi. Il ne s'agit pas seulement de *se sentir bien,* il s'agit de *vivre bien.* Et pour cela, il faut s'en donner les moyens. C'est donc rendre à quelqu'un un mauvais service que de l'amener à dissocier la notion de valeur personnelle innée de la nécessité d'exercer sa conscience et sa responsabilité. En effet, pour Branden, le propre de l'homme est la conscience. Il en a besoin pour survivre : notre bien-être dépend de notre capacité à maîtriser l'environnement, c'est-à-dire de notre faculté de penser juste et clair. Or, cette faculté n'est pas automatique puisqu'elle n'est pas génétiquement programmée. Nous devons donc apprendre à l'exercer, à faire des choix appropriés puis à agir en conséquence.

En d'autres termes, on pourrait dire qu'avec la conscience, l'homme reçoit deux cadeaux ou, si l'on est pessimiste, deux fardeaux : la liberté et la responsabilité. L'estime de soi s'acquiert en les exerçant consciemment. L'avantage de ce point de vue est qu'il est pragmatique et réaliste. De plus, il met en lumière le fait qu'il est toujours possible d'augmenter notre estime de soi, quel que soit notre âge, puisque ces prérequis dépendent de nous et qu'il est toujours possible d'apprendre à exercer sa responsabilité et à faire de meilleurs choix. L'inconvénient est que cela demande un peu de travail !

Bien entendu, Virginia Satir ne prétendait pas qu'il est inutile d'exercer sa responsabilité. Elle pensait cependant que la conscience profonde de sa valeur inaliénable était primordiale et qu'elle avait pour conséquence logique l'acquisition des capacités nécessaires.

LA NOTION DE « NIVEAUX LOGIQUES »

Avant de nous demander s'il nous faut trancher et attacher plus d'importance à l'une de ces deux visions de l'estime de soi plutôt qu'à l'autre, nous allons faire un petit détour par une notion qui va nous être utile pour en décider.

Le célèbre anthropologue et philosophe Gregory Bateson a mis en lumière l'existence de différents niveaux logiques de la pensée, qui sont aussi des niveaux logiques auxquels se produit le changement. Ainsi, pour prendre un exemple très simple, je peux changer un objet de place, simplement parce que je trouve qu'il est mieux là. On appellera ce changement basique, changement de niveau 1. Je peux aussi le déplacer parce que j'ai décidé de modifier l'organisation de mon rangement en fonction de principes nouveaux (par exemple, je veux ranger les objets qui doivent servir dans une pièce dans les placards de cette dernière. Au lieu d'avoir une grande armoire à linge, je placerai les serviettes de toilette dans la salle de bain, les torchons dans la cuisine et les nappes dans la salle à manger). Il s'agit alors d'un changement de niveau 2. Le changement de niveau 2, c'est la décision qui va conditionner mon organisation future. Il constitue le principe directeur qui organise le changement de niveau 1.

Cette notion de niveaux logiques est de la plus grande importance car elle va nous permettre de comprendre pourquoi nous ne sommes pas obligés de choisir entre les opinions des uns et des autres, en ce qui concerne les « ingrédients » de base de l'estime de soi.

À partir du travail de Bateson, l'un des pionniers de la Programmation Neuro-linguistique, Robert Dilts, a classé différents niveaux logiques selon une hiérarchie, chacun des niveaux « supérieurs » ayant un influence sur les niveaux « inférieurs ».

Nous avons vu que, pour survivre, l'individu doit s'adapter à son *environnement*, ce dernier étant l'ensemble des contraintes qui constituent le contexte dans lequel nous évoluons. C'est le niveau le plus concret : les lieux que nous fréquentons, les personnes qui nous entourent, etc. constituent notre environnement. Pour nous y adapter et avoir une influence sur lui, nous devons agir : le *comportement* est donc le niveau immédiatement supérieur. C'est également un niveau très concret. Par exemple, dans notre environnement familial, nous allons jouer avec nos enfants ou les aider à faire leurs devoirs. Or, pour pouvoir mettre en place un comportement, il faut en avoir la *capacité*, il faut savoir le faire. Une capacité s'acquiert en apprenant. Cependant, nous ne prendrons la peine d'acquérir ce savoir-faire, cette capacité, que si nous sommes motivés pour cela. Autrement dit, nous

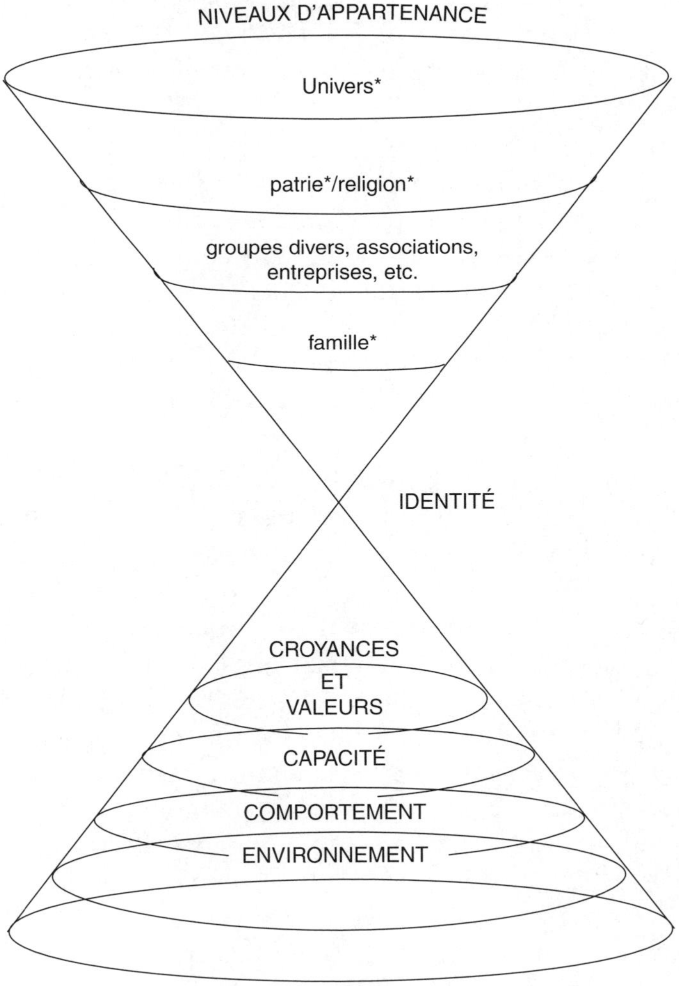

Schéma des niveaux logiques (d'après Robert Dilts)

* Donné à titre d'exemples : les niveaux d'appartenance ne sont pas codifiés.

devons *croire* qu'il est, en effet, utile, intéressant, important et/ou gratifiant de le faire : le niveau immédiatement supérieur à celui des capacités est donc celui des *croyances* et des *valeurs*. De plus, il est clair que les valeurs et les croyances dont il est question doivent être les nôtres et correspondre à la conception que nous avons de nous-mêmes, c'est-à-dire à notre *identité*. C'est ce niveau de l'identité qui organise la cohérence de nos croyances et de nos valeurs.

Les niveaux supérieurs sont ceux qui dépassent l'individu, englobant les personnes, groupes, entités dont il pense qu'il fait partie : ce sont les *niveaux d'appartenance*. Ainsi, les niveaux qui concernent la personne elle-même sont ceux du comportement, des capacités, des croyances et valeurs et celui de l'identité. Le niveau basique de l'environnement comme les niveaux « supérieurs » de l'appartenance font partie d'un contexte plus large dans lequel elle évolue et qui constitue son cadre de référence.

LA FORMATION DE LA PERSONNALITÉ ET LES NIVEAUX LOGIQUES

L'enfant naît dans un environnement particulier. Au début, il ne fait pas grand-chose pour s'adapter. Dans le meilleur des cas, c'est l'entourage qui s'adapte à lui. Très vite, les choses changent et l'enfant doit mettre en place des comportements adéquats pour que ses besoins soient satisfaits. Dans certaines familles très dysfonctionnelles, de tout petits bébés comprennent rapidement qu'il n'auront pas à manger s'ils pleurent ! Ils doivent donc réprimer la tendance naturelle à faire savoir qu'ils ont faim en criant. Il s'agit de leur survie. Fort heureusement, les adaptations nécessaires ne sont pas toutes aussi dramatiques. Elles sont néanmoins indispensables. L'enfant doit comprendre comment il faut agir avec ces parents-là, dans ces circonstances-là, pour obtenir ce qu'il veut et, bien entendu, pour se faire aimer ou au moins accepter. Ainsi, les enfants testent divers comportements et, si certains donnent de bons résultats, ils seront automatiquement adoptés et reproduits.

Ceci me rappelle une histoire vraie : Loïc, quatre ans, veut une sucette. Sa tante lui explique qu'il faut la demander gentiment. Loïc demande poliment et obtient la sucette. Pour faire de cet épisode une occasion éducative, la tante s'adresse à son neveu : « Tu vois comme ça marche bien quand on demande gentiment ! » Loïc réfléchit un instant puis, factuel, rétorque calmement : « Ça marche encore mieux quand je pleure. »

Les comportements « qui marchent » et les capacités nécessaires pour les mettre en œuvre deviennent habituels. Ils forment des traits de caractère ou de personnalité. Bien entendu, comme nous l'avons vu dans l'anecdote précédente, les comportements mis en place sont étayés par des croyances. Certaines ont trait à ce qu'on peut obtenir en manifestant telle ou telle attitude, d'autres concernent au contraire ce qui n'est pas possible. Par exemple : « Ce n'est pas la peine de demander de l'aide car on ne l'obtient jamais. Je me débrouillerai tout seul. » D'autres encore concernent ce qu'on peut penser de soi, compte tenu de l'attitude des personnes importantes qui constituent l'environnement habituel. Ainsi, si une petite fille remarque qu'en sautant sur les genoux de son papa et en le câlinant, elle obtient en retour une adoration inconditionnelle, elle peut en déduire que si l'on fait « du charme », rien ne nous résiste et se percevoir comme une enjôleuse ou une magicienne qui possède la recette pour se faire aimer. Avec les croyances naissent aussi les valeurs. Prenons l'exemple de l'aîné d'une famille nombreuse. Il va peut-être imaginer un stratagème pour avoir sa place, se faire aimer... Ainsi, il peut mettre en place une attitude « raisonnable » et s'occuper de ses frères et sœurs avant de penser à ses propres besoins. Si les parents valorisent ce comportement (ou s'il l'imagine), il peut développer une croyance selon laquelle il est bon de s'occuper des autres avant soi-même et les valeurs correspondantes : l'altruisme, la générosité avec les avantages et les inconvénients que cela suppose. Ainsi, petit à petit, se forme notre personnalité.

☆

Au niveau de l'identité, un problème se pose. À quoi faut-il s'identifier : à cette parcelle de « divin » en nous, au Soi essentiel qui est déjà présent à notre naissance, au diamant ?... Ou à cet ensemble d'adaptations que nous avons mises en place et qui forme notre modèle du monde et notre personnalité ? Cette question est de la plus haute importance et, en particulier, elle détermine le sens que nous pouvons donner à l'estime de soi.

L'ESTIME DE SOI : VALEUR INALIÉNABLE OU CAPACITÉ À ACQUÉRIR ?

En fait, la grille des niveaux logiques nous permet de comprendre que nous ne sommes pas obligés de choisir entre les opinions des uns et des autres, en ce qui concerne les « ingrédients » de base de l'estime de soi. Il n'y a aucune raison d'opposer la nécessité d'être en contact avec son « étincelle divine » ou sa valeur personnelle en tant qu'être humain et celle d'exercer nos facultés de conscience et de responsabilité pour apprendre à faire face de façon efficace et raisonnablement confiante aux défis de la vie. D'un côté, nos adaptations sont indispensables et inévitables, nous ne pouvons pas nous passer d'une personnalité ou d'un Ego. Nous ne sommes pas pour autant dans l'obligation de nous identifier avec lui. Au niveau de l'Identité, nous *sommes*. Il n'y a nul besoin de nous adapter. Il n'y a donc pas de raison d'insister davantage sur l'importance d'un point de vue plutôt que de l'autre car ils se situent à des niveaux logiques différents : le premier se trouve au niveau de *l'identité* de la personne, de son *être*. À ce niveau, on ne peut que *sentir*. Il n'y a rien à faire. Le second se situe au niveau des *capacités* que l'homme a besoin d'acquérir et des *comportements* qu'il a besoin de mettre en place une fois qu'il en a les capacités. Il est clair qu'à ces niveaux nous devons agir, *faire*. Pour cela, nous avons besoin de notre représentation du monde et de celle de notre propre personne, même si ces représentations sont nécessairement réductrices : nous avons besoin d'une représentation du monde (ou « modèle du monde ») et d'une personnalité, c'est-à-dire d'un ensemble d'adaptations que nous avons mises en place et auxquelles nous nous identifions. Quand il est question d'agir, nous avons besoin d'un guide, d'un « mode d'emploi » !

En revanche, une personne qui a conscience de sa valeur en tant qu'être humain et de son importance « intrinsèque » est en meilleure position pour apprendre (acquérir les capacités) et se comporter de façon appropriée face aux aléas de l'existence que celle qui ne l'a pas. Comme nous l'avons vu, les niveaux logiques supérieurs ont une influence en cascade sur les niveaux inférieurs. Ainsi, la personne pensera qu'elle mérite de réussir dans ses entreprises et d'être heureuse. Elle se montrera donc probablement plus motivée et plus confiante en elle dans ses tentatives visant à mettre en place les comportements nécessaires pour atteindre ce but, et sa personnalité lui permettra à la fois d'être plus efficace plus heureuse.

Attention, il serait évidemment maladroit de donner à croire qu'il suffit de penser que l'on mérite pour obtenir ! L'acceptation de l'idée selon laquelle nous possédons un Soi essentiel merveilleux ou divin ne donne ni tous les droits, ni tous les talents.

Les sarcasmes dont certains programmes pour la promotion de l'estime de soi ont fait l'objet aux États-Unis n'ont pas d'autre origine que cette confusion entre ces deux niveaux logiques : entre l'Identité et les Capacités, entre l'Être et le Faire. Or cette confusion est précisément une source de perte d'estime de soi. Elle est malheureusement très commune. N'avez-vous jamais entendu dire ou dit vous-même quelque chose comme : « Je ne suis même pas capable de… (retrouver mes clés, réussir le gratin dauphinois, monter deux étages sans être essoufflé(e)… Je suis vraiment nul (le) ! » L'incapacité de réussir une tâche (niveau des capacités), au lieu d'être pris comme l'indication que nous devons faire quelque chose pour changer cette situation (apprendre, nous entraîner…), devient la preuve que nous ne sommes pas quelqu'un qui a de la valeur (en effet, une expression comme : « je *suis* nul (le) » se situe au niveau de l'identité).

Cette confusion se retrouve dans notre façon de penser et de présenter les choses et, lorsque nous l'infligeons à nos enfants, nous les empêchons de développer une base de données claire pour établir une estime de soi solide. À la question : « Maman m'aimera-t-elle encore si je fais une bêtise ?... » l'enfant doit pouvoir répondre « oui ». C'est grâce à la sécurité interne que permet une telle certitude qu'il développera le respect de soi-même et la croyance qu'il mérite d'être heureux. Virginia Satir a raison d'affirmer que, quoi que nous fassions, nous avons toujours la même valeur et la même importance. Seule une telle croyance peut donner une base sécurisante pour l'estime de soi. Cela ne signifie pas que l'enfant doive penser qu'il peut tout faire et que ses bêtises n'auront *aucune* conséquence. Il faut seulement qu'il soit clair que les conséquences seront matérielles et non affectives, et que sa valeur et son importance en tant que personne ne seront pas remises en cause. Le chantage aux sentiments (« Si tu n'est pas bien sage, maman ne t'aimera plus ») est dévastateur ! Combien d'adultes qui l'ont subi cherchent toute leur vie à se faire reconnaître ou aimer sans être en contact avec leurs véritables besoins, faute de la sécurité interne que donne le sentiment de cette valeur profonde, au niveau de l'identité.

Par ailleurs, nous ne devons pas imaginer que, puisque nos actes ne disent rien de notre valeur et de notre importance, nous pouvons faire n'importe quoi. La vie se chargera de nous montrer que *nos actes ont des conséquences* et que nous ferions mieux de prendre cette vérité incontournable en considération. Non pas pour avoir une valeur qui nous est acquise le jour de notre naissance (ou de notre conception, selon nos croyances), mais pour vivre en bonne intelligence avec les autres et mener la vie épanouissante qui nous permettra de nous réaliser. En retour, nos expériences et nos apprentissages nourriront et affermiront notre estime de nous-mêmes. Ces différents aspects de l'estime de soi sont donc complémentaires et indissociables et nous pouvons maintenant proposer de l'estime de soi une définition plus complète, en prenant en compte ces divers éléments.

VERS UNE DÉFINITION GLOBALE DE L'ESTIME DE SOI

Les éléments que nous avons trouvés dans les différentes façons d'aborder l'estime de soi peuvent être résumés en reprenant les deux niveaux logiques : Identité et Capacités. Au niveau de l'Identité on trouve : *le sens de sa valeur inaliénable et de son importance en tant qu'être humain qui est à la fois un « donné » et un droit de naissance* (il n'y a donc rien à prouver, ni aux autres, ni à soi-même). Ce sentiment conduit au respect de soi et la certitude que l'on est digne d'être aimé et heureux. Il permet aussi de s'aimer soi-même. Au niveau des capacités, on trouve : *la capacité de penser clairement et par soi-même, l'aptitude à faire des choix basés sur ses propres opinions et à agir en accord avec eux, c'est-à-dire la capacité d'exercer sa responsabilité et sa liberté personnelle.* Ceci permet une confiance réaliste dans sa capacité de faire face aux événements et aux défis de la vie de façon efficace et appropriée.

Voici quelques définitions qui ont le mérite de prendre en compte différents niveaux :

« L'estime de soi est la disposition à se considérer comme compétent pour faire face aux défis de base de l'existence et digne d'être heureux » (Nathaniel Branden).

La définition suivante est celle de la Commission californienne pour promouvoir l'estime de soi et la responsabilité personnelle et sociale. Je la citerai en anglais d'abord car sa traduction mérite un commentaire : « *Appreciating my own worth and importance and having the character to be accountable for myself and to act responsibly towards others.* »

Le début de la définition vient directement de l'influence de Virginia Satir : « Apprécier ma propre valeur et mon importance et… »

La suite prend en compte les idées du second courant mais pose un petit problème de traduction. En effet, le mot *character* signifie à la fois : caractère, caractéristique, énergie, fermeté morale… et toutes ces significations sont pertinentes pour notre définition ! Il s'agit donc d'« avoir à la fois, le caractère, la volonté, l'énergie et la fermeté morale pour pouvoir compter sur soi-même et agir de façon responsable vis-à-vis des autres ».

Choisir un seul de ces termes réduirait la pensée des auteurs, les prendre tous rend mieux compte de l'idée sous-jacente. Certes, cela alourdit le texte, mais notre propos est de trouver une définition exacte, pas de produire une traduction élégamment concise !

On remarquera un élément qui n'était pas encore apparu jusqu'à présent : l'action responsable vis-à-vis des autres. On peut contester cette mention dans la définition elle-même. En effet, il peut sembler paradoxal de définir l'estime de soi par l'aptitude à agir de façon responsable envers les autres. Il s'agit d'une *conséquence* de l'estime de soi. Personne, pourtant, ne conteste que ce soit là une conséquence à la fois importante et observable de l'estime de soi.

On ne s'étonnera pas que quelques-unes des personnalités présentes dans la commission aient insisté pour que cet élément apparaisse. L'intitulé de la commission explique bien cette préoccupation. Il s'agit d'estime de soi et aussi de *responsabilité personnelle et sociale*. Compte tenu de ses buts sociaux, politiques et économiques, c'est un élément-clé. Pour récapituler les composantes essentielles, je propose la définition extensive suivante : *L'estime de soi est l'évaluation positive de soi-même, fondée sur la conscience de sa propre valeur et de son importance inaliénable en tant qu'être humain. Une personne qui s'estime se traite avec bienveillance et se sent digne d'être aimée et d'être heureuse. L'estime de soi est également fondée sur le sentiment de sécurité que donne la certitude de pouvoir utiliser son libre arbitre, ses capacités et ses facultés d'apprentissage pour faire face de façon responsable et efficace aux événements et aux défis de la vie.*

QUELLES SONT LES CARACTÉRISTIQUES D'UNE PERSONNE QUI S'ESTIME ?

De nombreux auteurs se sont intéressés aux caractéristiques des personnes qui font preuve d'estime de soi et de confiance en soi, et en particulier à ce que ces personnes pensent d'elles-mêmes, des autres et du monde. Ils ont inventorié leurs croyances, et ce qu'elles font.

Nous avons déjà parlé de certaines de ces caractéristiques. D'une façon générale, les personnes considérées pensent qu'elles ont de la valeur et qu'elles sont dignes d'être aimées et d'être heureuses. De plus, elles se sentent « compétentes ». Non qu'elles soient persuadées de savoir tout faire ou de pouvoir tout réussir, mais elles se donnent le droit à l'erreur et elles savent qu'elles peuvent apprendre. Elles pensent qu'elles sont responsables de ce qui leur arrive et, en particulier, de leur propre bonheur. Elles savent aussi ce qu'elles veulent et sont enclines à agir pour l'obtenir. Ainsi, on a pu remarquer qu'elles ont tendance à se montrer raisonnablement confiantes, gaies, créatives et pleines d'un sens de l'humour qui n'est pas à confondre avec l'ironie ou le sarcasme et que, d'une façon générale, elles ont des attentes positives à propos de ce que leur réserve la vie.

En ce qui concerne leur attitude par rapport aux autres, elles se sentent leurs égales : ni inférieures, ni supérieures et elles s'attendent à avoir avec eux des rapports agréables et constructifs. Les personnes qui ont une bonne estime de soi sont, en général, calmes, coopératives, sociables et bienveillantes envers leurs semblables. En effet, n'ayant rien à prouver, ni à elles-mêmes ni aux autres, et ne craignant pas le jugement d'autrui, elles sont libres d'apprécier le moment sans préoccupations parasites. Elles savent aussi très bien écouter. En effet, elles ont la possibilité d'être totalement présentes dans un échange avec autrui car elles n'éprouvent pas le besoin de se centrer sur elles-mêmes ni de porter un jugement sur ce que l'autre dit. En revanche, elles se respectent et n'hésitent pas à s'affirmer et à affirmer leurs opinions si nécessaire.

Dans leur ouvrage : *Enhancing Self Esteem* (Augmenter l'estime de soi), Diane Frey et Jesse Carlock font le lien entre les personnes qui se réalisent (*self-actualized persons*), telle que Maslow les décrit, et les personnes qui ont une estime de soi positive. En voici les caractéristiques : elles sont réalistes, s'acceptent, acceptent les autres comme ils sont et le monde tel qu'il est. Spontanées, leur appréciation des autres est faite sur le moment plutôt qu'à partir de stéréotypes. Autonomes et indépendantes, elles semblent détachées et ressentent le besoin d'un jardin privé. Elles se centrent sur les tâches à accomplir plutôt que sur elles-mêmes et ne confondent pas la fin avec les moyens. Elles s'identifient avec le genre humain et beaucoup d'entre elles ont une expérience mystique ou spirituelle, bien que pas nécessairement religieuse. Ne cherchant pas obligatoirement à se conformer à la culture ambiante, elles ont en outre des valeurs et des attitudes démocratiques. Si toutes font preuve de créativité et de sens de l'humour, ce dernier est philosophique et non hostile. Enfin, elles choisissent d'avoir des relations profondes avec quelques personnes qu'elles aiment et avec lesquelles elle entretiennent un lien émotionnel privilégié, plutôt que des relations superficielles.

On aurait tort de croire que de telles personnes sont « parfaites », n'ont jamais aucun problème ou savent les résoudre sur le champ. Une personne qui a une bonne estime d'elle-même est réaliste. Elle sait très bien que nul n'est parfait et elle reconnaît ses limites. Elle s'accepte d'autant mieux ainsi qu'elle sait qu'elle est perfectible et qu'elle a du plaisir à avancer sur le chemin de son développement personnel. Elle peut, comme beaucoup d'autres, se sentir sous pression, déprimée ou anxieuse. Elle est seulement mieux armée pour s'en remettre rapidement car elle décide, consciemment ou inconsciemment que c'est passager et elle compte sur ses ressources pour s'en sortir. Si elle n'est pas satisfaite de la façon dont elle a géré une situation, elle n'en profite pas pour se dévaloriser en tant que personne ou pour invoquer son manque de chance, ou pour blâmer les autres, mais elle réfléchit à ce qu'elle a appris en traversant cette épreuve et en tire des conclusions sur la manière de s'y prendre la prochaine fois dans des circonstances similaires.

COMMENT SE FORME L'ESTIME DE SOI ?

Nous l'avons vu, l'estime de soi est le produit du jugement que nous portons sur nous-mêmes et suppose l'existence d'un concept de soi : une idée de qui je suis, et d'un idéal du Moi : une représentation de qui je veux être. Pour comprendre comment se forme l'estime de soi, qui est le produit de la comparaison entre l'un et l'autre, il faut donc comprendre comment se construit le concept de soi ou la conception que nous avons de nous-mêmes ainsi que notre idéal du Moi.

Bien entendu, le nouveau-né ne vient pas au monde avec un concept de soi. Il n'est même pas conscient d'être une entité distincte de l'environnement. C'est petit à petit que ce concept va se former, à partir de l'interaction avec la mère et les autres personnes qui entourent l'enfant et en prennent soin. Ces personnes constituent son cadre de référence.

Cet apprentissage précoce est essentiel mais il est capital de comprendre qu'un être humain apprend toute sa vie. Au fur et à mesure que l'individu rencontre des situations nouvelles et fait de nouvelles expériences, le concept de soi est susceptible d'évoluer. Il est clair cependant qu'il vaut mieux former dans ses jeunes années une impression favorable à propos de soi, des autres et du monde que l'inverse ! On évitera ainsi d'avoir à corriger cette mauvaise impression. Si l'on a de nombreuses preuves démontrant que c'est possible, cela peut demander du temps et une certaine énergie.

CARACTÉRISTIQUES ET CONSÉQUENCES DU MANQUE D'ESTIME DE SOI

Dans la mesure où il est une composante importante de notre personnalité, le niveau de notre estime de soi a nécessairement des conséquences profondes dans tous les domaines de notre vie : les décisions que nous prenons, les amis que nous choisissons, le type de relations que nous entretenons avec les autres, nos relations sentimentales. De plus, il a un retentissement sur nos attentes et par là même sur les résultats que nous obtenons, ainsi que sur notre attitude globale envers la vie. Par-dessus tout, il affecte notre optimisme, notre énergie et notre joie de vivre.

☆

Bien que l'estime de soi ne soit pas la seule condition nécessaire pour être heureux et réussir sa vie, elle peut néanmoins être considérée comme une sorte de passeport pour le bonheur et pour la réussite.

À l'inverse, le manque d'estime de soi semble être un obstacle majeur pour l'un comme pour l'autre.

Pour vivre dans de bonnes conditions dans un monde en perpétuel changement, il est nécessaire de s'adapter en permanence. Or, les personnes qui manquent d'estime de soi souffrent de difficultés d'adaptation. Dans la mesure où elles ne savent pas si elles peuvent compter sur elles-mêmes, les changements leur font peur et elles se montrent souvent rigides et contrôlantes. Une autre façon de se protéger du changement est de fuir ou d'en laisser la responsabilité aux autres. Ainsi, ce sont eux qui seront à blâmer si les choses tournent mal.

En outre, une caractéristique commune aux personnes qui manquent d'estime de soi est la difficulté à admettre leurs erreurs. Il est facile de comprendre que, si nous croyons qu'elles signalent notre peu de valeur, il vaut mieux refuser de les reconnaître ou même de les voir : le déni peut être à usage externe (je sais mais je mens pour me « protéger »), mais le sujet peut aussi ne pas remarquer consciemment qu'il a fait une erreur (ici aussi, ce sont les circonstances ou les autres qui sont responsables). Il en résulte une impossibilité à les corriger et, par conséquent à apprendre à faire autrement à l'avenir.

Pour les mêmes raisons, un sujet manquant d'estime de soi se montrera aisément défensif. Même s'il n'a commis aucune erreur, même si ce qui lui est dit n'est en rien dévalorisant, il a souvent tendance à interpréter les choses de telle façon qu'elles confirment le peu de bien qu'il pense de lui. C'est ce qu'on appelle une projection. Un de mes amis me confiait qu'il avait beaucoup de mal à demander quoi que ce soit à sa secrétaire sans qu'elle réagisse de façon épidermique. Comme je lui proposais de me donner un exemple (on peut être blessant sans en avoir conscience), il me cita le dialogue suivant :

> Lui (*factuel*) : « Il reste des enveloppes blanches ?
>
> Elle (*défensive*) : Je ne peux pas tout faire, j'ai eu beaucoup de travail ces temps derniers ! »

Il est clair que la demande est interprétée comme un reproche. Lorsqu'on manque d'estime de soi et de confiance en soi, l'autre est aisément perçu comme accusateur et même menaçant ou encore comme une source possible d'humiliation ou de rejet.

Le manque d'estime de soi peut aussi se manifester par le désir d'avoir raison, ce qui suppose que l'autre à tort. Le but est de se rassurer sur ses compétences intellectuelles, sa valeur morale. Il en résulte une vision du monde en termes binaires : Il *faut* que l'autre ait tort pour que j'aie raison, s'il gagne, je perds, s'il est intelligent, je suis stupide, s'il a « tout », je n'ai « rien »... Bien entendu, de telles croyances entraînent hostilité et agressivité. Ces sentiments peuvent apparaître sous forme de piques, d'ironie, de sous-entendus, de bouderies, de mauvaise humeur chronique, être exprimés ouvertement ou au contraire réprimés, niés et se transformer en une gentillesse et un désir de plaire si marqués qu'ils peuvent parfois irriter l'interlocuteur ou le mettre mal à l'aise.

Ainsi, la personne manquant d'estime de soi risque fort d'osciller entre ce qu'elle croit être la conformité au désir de l'autre et une rébellion contre ce désir. À moins qu'elle n'adopte l'une ou l'autre de ces attitudes comme mode de relation privilégié aux autres et au monde. Bien entendu, ce type de comportement est un obstacle qui l'empêche de se centrer sur des buts personnels, propres à satisfaire ses valeurs et sur les actions à mener à bien pour y parvenir. Nous avons déjà dit que les buts, les comportements et les accomplissements eux-mêmes sont souvent destinés à se rassurer en « prouvant » sa valeur aux autres et à soi-même.

L'une des conséquences les plus désastreuses du manque d'estime de soi est probablement les problèmes de communication qu'il engendre. Ayant peur d'être « découvert », critiqué, jugé, le sujet ne livre pas facilement ses idées, ses sentiments, ses désirs. Il peut même affabuler dans le but de se valoriser (la mythomanie et la mégalomanie sont souvent des signes de manque d'estime de soi). Il en résulte une difficulté à communiquer et en particulier à communiquer de façon honnête, ouverte et, bien entendu, intime.

C'est ainsi que de graves difficultés se posent dans les relations amoureuses lorsque le manque d'estime de soi est important. Incapable de s'aimer lui-même, le sujet a beaucoup de mal à aimer réellement l'autre. Il cherche un miroir favorable qui lui renvoie de lui une image positive, aimable. Certains sujets narcissiques recherchent un partenaire valorisant (beau, célèbre, fortuné, érudit... en fonction de leurs critères personnels), d'autres ont une si piètre opinion d'eux-mêmes qu'ils sélectionnent, au contraire, des personnes très défavorisées (toujours à leurs yeux), de telle façon qu'ils ont l'impression de leur être supérieur.

Un autre problème est qu'ils ont beaucoup de mal à croire à l'amour de l'autre (« Comment peut-on aimer une personne telle que moi ? »). Tant qu'ils doutent de cet amour, ils vivent dans une insécurité permanente : la jalousie maladive est très souvent la conséquence d'un manque d'estime de soi. S'ils sont enfin certains des sentiments qui leur sont portés, ils risquent fort de dévaloriser la personne qui les aime (« Si elle aime vraiment quelqu'un comme moi, c'est qu'elle-même ne vaut pas grand-chose ! »). Cette attitude est illustrée par le mot d'esprit célèbre de Groucho Marks : « Je ne voudrais pas faire partie d'un club qui m'accepterait pour membre » ! Ce n'est paradoxal qu'en apparence.

Hélas, l'amour de l'autre ne peut pas soigner le manque d'estime de soi. De nombreux Pygmalions s'y sont déjà cassé les dents ! Si la personne elle-même ne reconnaît pas le problème et ne le prend pas en charge, la tentative est vaine et ne conduira qu'à des déboires pour les deux partenaires.

Pour conclure, il convient de rappeler trois points. Le premier est le suivant : dans la mesure où l'estime de soi est une évaluation des diverses caractéristiques qui composent notre perception de nous-mêmes, il est possible d'avoir une bonne estime de soi dans un domaine et une moins bonne dans un autre. Le second point est également essentiel : il faut se garder d'évaluer l'estime de soi, même domaine par domaine, avec une mesure binaire : blanc ou noir, présent ou absent. Nos évaluations sont plus nuancées. Le troisième enfin est celui qui justifie l'existence de cet ouvrage :

☆

Notre estime de soi et notre confiance en soi se modifient au cours du temps, et nous avons la responsabilité et le pouvoir de les faire évoluer positivement.

Si l'on sait bien observer et décrire les signes de l'estime de soi et de la confiance en soi, et si l'on connaît aussi ceux qui indiquent leur absence, les uns comme les autres sont nombreux. Pour rendre les choses claires et les présenter de façon à permettre l'action, nous devons déterminer quels en sont les critères fondamentaux, ceux qui sont à la fois nécessaires et suffisants pour générer l'estime de soi et permettre à la confiance en soi d'apparaître.

Je propose de regrouper les différents critères qui constituent les fondements de l'estime de soi en trois rubriques essentielles :

– s'accepter à tous les niveaux (chapitres 2 et 3) ;
– acquérir les capacités nécessaires pour compter sur soi et relever les défis de la vie (chapitres 6, 7 et 8) ;
– vivre en accord avec ses motivations profondes (chapitres 4 et 5).

Pour chacune de ces rubriques, nous étudierons ces critères ainsi que les possibilités d'évolution positive qu'ils nous indiquent pour favoriser l'estime de soi et la confiance en soi, chez soi et autour de soi.

Nous verrons ensuite comment développer et maintenir cette estime de soi et cette confiance en soi tout au long de notre vie. Ceci fera l'objet de notre dernière partie (chapitres 9, 10, 11 et 12).

Première partie

S'ACCEPTER À TOUS LES NIVEAUX

« Parce que je reconnais comme mien tout ce qui est à moi, je puis lier connaissance avec moi-même de façon intime. En agissant ainsi, je peux m'aimer et être en bonne relation avec chaque partie de moi. Je puis alors rendre possible que tout moi-même travaille au meilleur de mes intérêts. »

Virginia Satir

2

RECONNAÎTRE SA VALEUR ET SON IMPORTANCE

Une base essentielle pour l'estime de soi

IL EST BIEN ÉVIDENT que décider que nous avons une valeur inaliénable en tant qu'être humain et que nous avons de l'importance sans avoir rien fait est un postulat d'ordre philosophique. Il n'est donc pas question de prétendre ici que Virginia Satir avait « raison » dans l'absolu. En revanche, elle avait raison de dire que les personnes qui sont persuadées de cette valeur et de cette importance, *y compris en ce qui les concerne,* jouissent d'une meilleure estime d'elles-mêmes que celles qui pensent le contraire. Au cours de sa longue carrière, elle avait eu le temps de le constater. Elle n'est pas la seule.

Un postulat s'appelle aussi une croyance. Lorsque nos croyances nous empêchent de fonctionner de façon satisfaisante, le bon sens voudrait que nous changions nos croyances. En fait, c'est rarement ce que nous faisons. Au contraire, nous tenons ces dernières pour des vérités (impossibles à modifier) et nous acceptons les problèmes qu'elles nous causent faute de voir qu'elles ne sont que des hypothèses plus ou moins utiles.

Je ne suis pas en train de dire que si nous n'aimons pas la couleur des murs, il suffit de croire qu'ils sont d'une autre couleur pour muer notre appréciation négative en enthousiasme. Il est utile de faire la différence entre les faits, concrets et constatables par chacun et les croyances qui ne sont que notre opinion à propos des faits (ou l'opinion véhiculée par la culture dans laquelle nous baignons). Ainsi, si les murs sont gris, c'est un fait. Si je dis que le gris est une couleur triste ou que des murs gris ont une influence déprimante sur les gens, je suis dans le domaine des croyances. Je ne peux pas changer la couleur des murs (sauf en mettant en place des actions concrètes, ce qui n'est pas toujours possible, surtout si ce sont les murs d'une administration ou ceux de mon voisin de palier), mais je peux changer mon opinion à propos des murs gris. On voit cela tous les jours avec les phénomènes de mode. Ce qui est ravissant aujourd'hui sera démodé, donc très laid demain et vice-versa. Comme nous l'avons dit, nous avons tous une idée de qui nous sommes, mais nous avons aussi une idée à propos des autres, de l'amour, du travail, de la santé… et de la vie en général. Cet ensemble de croyances personnelles et culturelles constitue notre « modèle du monde ». Si aucun modèle du monde n'est plus vrai qu'un autre, certains sont plus aidants en ce sens qu'ils rendent plus de services à leurs propriétaires.

☆

Si, comme Virginia Satir, nous pensons qu'il vaut mieux croire en notre valeur personnelle, nous voici devant le problème suivant : comment changer la croyance d'une personne qui pense qu'elle n'a pas de valeur et/ou pas d'importance ?

La solution la moins efficace est de tenter de la persuader du contraire en lui opposant nos propres croyances : « Mais si, tu es très important(e) pour moi, et je trouve que tu as beaucoup de valeur. » Au mieux, elle pensera que nous ne sommes pas du même avis; au pire, nous risquons de la persuader de notre peu de jugement, voire de nous dévaloriser à ses yeux. Une solution plus méthodique consiste à évaluer la nature des croyances et l'ampleur du problème.

VALEUR ET IMPORTANCE

Un certain nombre de personnes font spontanément une différence entre d'une part : *« Je n'ai pas de valeur »* et, d'autre part : *« Je ne suis pas important »*. La question qui se pose est celle du sens qu'elles donnent à ces mots. L'expérience montre que la valeur que nous nous reconnaissons est très largement liée à celle qui nous a été conférée lorsque nous étions enfants. Si les paroles, mais surtout la communication non verbale montraient que nous étions valorisés, alors nous allons nous attribuer de la valeur sans avoir besoin de nous demander ce que ce mot signifie pour nous. En revanche, dans ma pratique thérapeutique, j'ai remarqué que les personnes qui mettent en question leur valeur en tant qu'êtres humains se livrent souvent à des réflexions d'ordre sémantique, comme si le mot ne « faisait pas sens » à priori. À la question : « Est-ce que tu penses que tu as de la valeur en tant qu'être humain ? », elles sont susceptibles de répondre quelque chose comme : « Qu'est-ce que ça veut dire "avoir de la valeur" ? Je ne suis pas une marchandise ! » ; ou même (ironiquement) : « au kilo de viande ? »... Il est vrai que certains parents traitent leurs enfants de vaurien !

D'autres personnes acceptent volontiers l'idée qu'elles ont de la valeur *en tant qu'êtres humains* mais nient leur importance. Cette attitude est typique d'une éducation religieuse mal interprétée. L'être humain a de la valeur puisqu'il a été créé par Dieu. Par contre, se considérer comme « important » pèche sérieusement par manque de modestie, misérables vermisseaux que nous sommes ! Une façon d'amener le sujet à changer d'avis est de donner un autre sens au mot « important ». Par exemple en lui faisant remarquer que toute personne fait une différence dans le monde, qu'elle le veuille ou non, rien qu'en étant là. En ce sens, elle est réellement importante.

LES AUTRES ET MOI

Bien que cela ne soit pas toujours conscient, beaucoup de personnes considèrent comme allant de soi que les autres (*tous* les autres) aient de la valeur et de l'importance… et elles non ! C'est la première chose à vérifier. En effet, l'illogisme de leur croyance risque de leur sauter aux yeux et d'ébranler cette dernière, peu ou prou. Il faut cependant rester prudent et éviter le triomphalisme prématuré en débusquant une croyance « illogique » car ce qui nous paraît, à nous, le comble du déraisonnable peut leur sembler, à elles, tout à fait naturel. Comme nous l'avons remarqué précédemment, le nourrisson est un très bon exemple à proposer pour ce type de remise en question. Je n'ai encore jamais rencontré personne qui me dise qu'un nouveau-né n'a ni valeur ni importance (ce qui ne veut pas nécessairement dire qu'une telle personne n'existe pas). Disons que la croyance selon laquelle le bébé a de la valeur et de l'importance est communément admise sous nos climats et que cette certitude peut servir de levier pour changer une croyance limitante en matière d'estime de soi. Si le petit enfant a de la valeur et de l'importance en naissant, pourquoi les perdrait-il en grandissant ? Si c'est à cause de l'attitude de l'environnement, il a seulement mis en place une croyance limitante et c'est injuste. Heureusement, il peut la modifier. Par exemple, si c'est à cause de ce qu'il a fait ou de ce qu'il n'a pas su faire, il doit arriver à établir une différence entre le niveau logique des capacités et celui de l'identité : il lui reste du temps pour apprendre.

COMMENT CHANGER DE CROYANCE ?

En matière de changement de croyance, il n'y a pas de règles. Une phrase dite « en passant » au bon moment peut changer un postulat important et, par là même, toutes les croyances qui en découlent. Nous l'avons dit, nous avons besoin d'une personnalité et cette dernière est conditionnée par le type de croyances que nous avons adopté.

☆

Changer certaines croyances fondamentales, c'est changer des traits importants de notre personnalité.

Parfois, au contraire, une croyance d'apparence banale ou parfaitement illogique peut avoir la vie dure et demander à être ébranlée plusieurs fois avant de laisser place au doute, puis à l'ouverture sur une croyance plus aidante et, enfin, à l'adoption de celle qui est destinée à la remplacer. Ainsi, si la modification souhaitée ne se produit pas, il convient de ne pas désespérer, la tentative se révélera peut-être par la suite un élément essentiel pour la mise en route du cheminement qui mène à la révision de la croyance limitante. En tout cas, il est nécessaire de comprendre qu'on ne change pas les croyances de quelqu'un, il le fait lui-même. En revanche, on peut faciliter le processus de cette remise en question, la responsabilité du résultat revenant — au bout du compte — à l'intéressé.

Une chose importante à savoir en matière de changement est que rien ne remplace l'expérience personnelle. Les croyances s'adoptent majoritairement à la suite des expériences que nous faisons. L'autre partie est enregistrée à partir de ce que dit et montre l'entourage familial et culturel. Ainsi, si on peut donner à la personne l'occasion de vivre une expérience « correctrice », le processus a des chances d'être grandement facilité.

Une expérience pour donner une base solide à l'estime de soi

Pour procurer à une personne une expérience facilitante pour changer une croyance concernant son peu de valeur et/ou d'importance, on peut suivre la procédure suivante.

Aider la personne a entrer dans un état de détente et de relaxation et lui demander d'imaginer tour à tour les scènes suivantes en faisant comme si les choses étaient en train de lui arriver :

– Elle tient dans ses bras un nouveau-né ou un bébé, le sien si elle a des enfants ou celui d'une personne de sa famille ou de ses amis. Elle le regarde attentivement. Il est tout petit, sans défense et confiant. Elle le tient contre elle et elle peut sentir son poids léger, son odeur de bébé... Observer la réaction de la personne. Si elles sont positives (toute réaction qui montre que la personne est attendrie ou émue, y compris des larmes), on lui demandera : « Est-il important ? A-t-il de la valeur ? » Puis, lui laissant le temps de ressentir ce qu'elle est en train de vivre, on ajoutera : « Et pourtant, il n'a rien fait pour les mériter, il a de la valeur, il est important parce qu'il est en vie et, cette valeur et cette importance, il les gardera toujours. »

– La *deuxième étape* consiste à lui demander d'imaginer qu'elle tient dans ses bras, non pas *un bébé* mais *le bébé qu'elle était*... A-t-il de la valeur, de l'importance ? Il est clair que, si elle a ressenti la valeur et l'importance du premier bébé, il y a de fortes chances pour qu'il en soit de même lorsqu'elle tient dans ses bras le petit enfant qu'elle était lorsqu'elle est née. On lui fera alors remarquer que ce bébé, elle le porte encore en elle, comme la petite fille ou le petit garçon qu'elle a été, et ce aux différents âges de sa vie. Pour cette raison, elle peut être pour cet enfant un bon parent qui l'aime et lui reconnaît sa valeur et son importance « intrinsèques ».

– Dans une *troisième étape*, on demande à la personne de s'imaginer elle-même, tout bébé, dans les bras de ce bon parent qu'elle est maintenant pour lui. Elle ressent quel effet cela fait d'être là, sans rien avoir à accomplir ni a prouver, portée par une personne qui l'aime et qui reconnaît sans aucun doute sa valeur et son importance, simplement parce qu'elle est là.

Lorsque la personne a eu le temps de savourer ces instants, on passe à l'étape suivante.

– Dans cette *quatrième étape*, on va lui demander de grandir en gardant la sensation et la certitude inébranlable de sa valeur et de son importance, quoi qu'il arrive. C'est un *cadeau de naissance* et on ne le perd jamais puisqu'il n'est conditionné par rien d'autre que le fait d'être soi et d'être en vie. Bien entendu, on lui laissera le temps de parcourir les différents âges de son existence, jusqu'au présent et on lui demandera d'ouvrir les yeux lorsqu'elle aura terminé.

Un tel « voyage » laisse rarement indifférent. Les personnes qui ne sont pas prêtes à changer leur croyance expérimentent ce que certains appellent une « résistance » et s'arrêtent à un moment ou à un autre. C'est bien ainsi. N'oublions pas que le changement de croyance est un processus et qu'il prendra... le temps qu'il faudra ! La plupart, cependant acceptent de vivre en imagination les différentes étapes de ce « rêve éveillé dirigé » et en sortent avec un sentiment nouveau à propos d'elles-mêmes. Acquérir le sentiment profond de sa valeur et de son importance peut être le départ d'une « nouvelle vie » (pour citer une personne pour qui cette expérience avait été déterminante).

QUE POUVONS-NOUS FAIRE DE PLUS ?

En matière de changement de croyance, il semble que la répétition donne d'excellents résultats. Ainsi, la méthode Coué qui consiste à se répéter quotidiennement des affirmations positives et qui passait, il y a quelques années, pour tout à fait ridicule a été récemment réhabilitée. Il me paraît néanmoins indispensable de s'assurer auparavant que la croyance « fait sens » pour la personne qui utilise les affirmations. Ainsi, il serait ridicule de se planter devant sa glace et d'affirmer « je suis mince » ou « je suis un génie en mathématiques » si l'on est intimement persuadé que c'est loin d'être le cas !

En revanche, certaines croyances nous paraissent « vraies », intellectuellement, mais nous savons intimement que nous ne les avons pas adoptées dans notre for intérieur. Dans ce cas, il est très utile d'affermir ces croyances nouvelles par la répétition. Cette méthode sera encore plus efficace si nous utilisons parallèlement la relaxation. En effet, lorsque nous sommes détendus, notre cerveau produit naturellement des ondes alpha. Il est aujourd'hui tenu pour certain que l'apprentissage en est grandement facilité. On sait aussi que l'état de relaxation favorise l'accès à notre inconscient qui décide en dernier ressort de ce que nous croyons *vraiment*.

Un exercice pour affermir la croyance en notre valeur inaliénable

Après avoir fait l'expérience d'être un nourrisson important et plein de valeur, on pourra avec profit utiliser la procédure suivante.

Choisir un endroit tranquille et s'assurer que l'on ne sera pas dérangé.

S'installer confortablement (être allongé n'est pas nécessaire), inspirer profondément et souffler en se disant mentalement : « Mon corps se détend » plusieurs fois, en relâchant progressivement les tensions. Insister sur la détente des muscles du visage et des mains (le reste suivra beaucoup plus rapidement et facilement). Imaginer que l'on se trouve dans un bel endroit calme, où l'on se sent en confiance et en sécurité, et prononcer le mot « détendu » (ou tout autre mot qui évoque le calme intérieur). On peut alors se répéter la phrase suivante en prêtant une grande attention au sens des mots :

« J'ai de la valeur et je suis important(e) sans rien avoir à accomplir. Quelles que soient les circonstances, quoi que je fasse, je serai toujours important(e), digne d'amour, digne d'être heureux(se) et capable d'apprendre. »

Bien entendu, il est toujours possible de modifier cette phrase pour qu'elle nous convienne tout à fait. Dans ce cas, il est indispensable de s'assurer avant de la prononcer qu'elle est entièrement positive, qu'elle ne contient aucune ambiguïté et que sa répétition ne présente pas d'inconvénient.

Par la suite, il suffira de prononcer le mot « détendu » et de s'imaginer dans le bel endroit calme pour se sentir relaxé et retrouver spontanément les mots à prononcer.

Comme nous l'avons constaté au chapitre précédent, le sentiment de sa valeur et de son importance est fondamental car il est à la base d'un respect essentiel de soi-même et des autres, et de la croyance selon laquelle cela vaut la peine de faire le nécessaire pour obtenir ce qui est intéressant pour nous.

☆

S'il est bon de savoir qu'il n'y a rien à faire pour avoir de la valeur et être important, nous devons comprendre que nous avons un rôle à jouer pour nous accepter à tous les niveaux.

Nous allons maintenant voir comment pratiquer l'acceptation de soi.

3

PRATIQUER L'ACCEPTATION DE SOI

De la bienveillance à l'authenticité et à l'amour

CROIRE EN SA VALEUR et son importance intrinsèque est fondamental. Or, il y a une différence entre cette certitude, qui est de l'ordre de ce que nous croyons à propos de nous-mêmes et l'acceptation de soi, qui est quelque chose que nous faisons.

☆

L'acceptation de soi *découle* de la certitude que nous avons de notre valeur et de notre importance. Si nous pensons que nous avons de la valeur et de l'importance, il nous paraît naturel de nous traiter avec respect et, le cas échéant, de nous battre pour faire valoir nos droits.

Toute croyance s'accompagne des attitudes et des comportements qui sont cohérents avec elle. Ainsi, si je pense que je suis digne de respect, je vais me comporter envers moi-même avec respect. À l'inverse, pratiquer les comportements qui découlent logiquement de la croyance tend à la renforcer. Si je prends l'habitude de me traiter avec respect, je renforce ma croyance. Je dis « renforcer » et non « installer » car il est très difficile de convaincre quelqu'un d'adopter des attitudes qui sont en désaccord total avec ses croyances. Nous fonctionnons à partir d'une logique interne et, consciemment ou inconsciemment, nous recherchons une certaine cohérence ! En revanche, si le doute s'est installé à propos de l'ancienne croyance (« je ne suis pas important ») et que le sujet envisage la possibilité d'en adopter une nouvelle (« j'ai de la valeur et de l'importance »), la pratique de comportements cohérents avec la nouvelle croyance renforcera cette dernière et achèvera de l'ancrer.

Nous allons maintenant observer les comportements des personnes qui croient en leur importance et en leur valeur intrinsèque.

ÊTRE BIENVEILLANT ENVERS SOI-MÊME

L'acceptation de soi est la première conséquence de la croyance en sa valeur personnelle inaliénable. Certaines personnes se comportent comme si elles étaient leur pire ennemi : elles se critiquent en permanence et rien de ce qu'elles font n'a grâce à leurs yeux. Parfois même elles se « punissent », tant elles s'en veulent d'être qui elles sont. Sans aller jusque-là, l'attitude qui consiste à s'adresser des reproches et à se traiter sans ménagement se rencontre couramment. S'accepter, c'est, au contraire, être son propre ami et se traiter avec bienveillance, considération et respect. Une telle perspective indignera sans doute les personnes qui ont l'habitude de se critiquer. Elles pensent, en général, que si elles cessaient de le faire, elles n'auraient aucune chance de s'améliorer. Il s'agit là d'une erreur. Pour s'en persuader, il n'y a qu'à observer ce qui se passe en soi et autour de soi : plus une personne se critique, plus elle a une mauvaise opinion d'elle-même et plus elle se comporte de façon à prouver et à renforcer cette mauvaise opinion. Dans ma carrière de psychothérapeute, je n'ai jamais rencontré personne qui ait réussi à se corriger avec de telles méthodes. À l'opposé, les personnes qui pratiquent l'acceptation de soi tendent à faire le nécessaire pour garder une bonne opinion d'elles-mêmes.

LES DIFFÉRENTES COMPOSANTES DE L'ACCEPTATION DE SOI

S'accepter tels que nous sommes est la première pierre sur laquelle bâtir notre estime de soi et notre confiance en soi. Cette acceptation peut se décomposer en plusieurs facettes qui chacune doivent faire l'objet d'un acte de reconnaissance. Nous devons accepter qui nous sommes tant physiquement que moralement, tant intellectuellement qu'émotionnellement.

Accepter notre apparence physique

Si nous voulons jouir d'une bonne estime de soi, la première chose que nous devons accepter est notre corps. Un certain nombre de facteurs culturels ne nous facilitent pas la tâche. Tout d'abord, un vieil héritage qui dévalorise le corps et l'oppose à l'esprit ou à l'âme, ces derniers étant seuls dignes de respect. Le corps a même été considéré à certaines époques — et encore aujourd'hui dans certains pays — comme vil et détestable (surtout celui de la femme, symbole de tentation et de péché !). Tout au contraire, l'époque actuelle glorifie une certaine image du corps à travers la publicité, le cinéma, les médias... Au lieu de s'annuler, ces deux points de vue s'additionnent, si bien que, consciemment ou non, beaucoup d'entre nous contemplent avec mépris ce corps « coupable à priori » qui, de surcroît, ne ressemble pas à celui de Claudia Schieffer ou de Bruce Willis. Or, nous pouvons très bien remettre en question les préjugés et les « diktats » de la mode.

Pour Virginia Satir, le corps humain était une merveille parce qu'il fonctionnait ! N'est-il pas merveilleux de voir, d'entendre, de toucher, de bouger ? Ne pouvons-nous ressentir de la gratitude pour ce corps qui nous transporte où nous voulons aller, nous permet d'attraper ce que nous voulons saisir ? disait-elle en substance. Il est intéressant de remarquer que, selon les critères d'analyse que nous privilégions, nous pouvons changer radicalement notre point de vue. J'ai connu une jeune fille très complexée à propos de son anatomie (elle était un peu boulotte), qui a cessé de se dévaloriser à propos de son apparence le jour où sa sœur s'est retrouvée dans une chaise roulante à la suite d'une chute de cheval. Nous avons tous connu des situations où nous avons reconsidéré notre opinion, parfois, simplement, à la suite d'une comparaison qui nous a permis de remettre les choses « à leur juste place ».

Parfois, il arrive que le refus de son apparence physique soit le reflet d'un malaise qui n'a rien à voir avec un nez trop long, des oreilles décollées ou une poitrine trop importante. Les chirurgiens esthétiques le savent bien et les plus scrupuleux savent le reconnaître, refusant d'opérer ces clients qui croient pouvoir réparer leur absence d'estime de soi avec une opération de chirurgie plastique. En effet, ils ne seront jamais satisfaits du résultat, même s'il est techniquement parfait, au-delà de quelques semaines. À quoi bon faire repeindre la carrosserie d'une voiture dont le moteur fonctionne mal avec l'espoir qu'elle roulera mieux ?

Accepter nos pensées

Si nous passons notre temps à juger négativement ce que nous pensons, nous ne pouvons pas nous accepter. Accepter ne veut pas dire aimer.

Au début de mon mariage, je trouvais que ma belle-mère empiétait par trop sur mes prérogatives de jeune maman. Un jour, excédée, je m'imaginai en train de la pousser violemment dans l'escalier et la regardai avec satisfaction rouler jusqu'en bas des marches. Aussitôt, je fus horrifiée par ce que je venais de penser. Étais-je vraiment si « mauvaise » ? L'instant d'après, je me dis que, de toute façon je n'allais pas le faire et que, par conséquent, je ne lui faisais aucun mal. Si cela me soulageait de me jouer cette scène, cela n'était pas si grave. En tous cas, c'était une invitation à réfléchir à ce que je pouvais faire pour que nos relations me satisfassent davantage. Sans doute était-ce un moyen de me débarrasser de mes sentiments négatifs à son endroit. Je n'avais probablement pas tort, puisque nous avons noué d'excellentes relations par la suite.

Reconnaître que nous avons pensé ce que nous avons pensé ne nous contraint en rien à passer à l'acte. Bien au contraire, nos pensées sont des enseignements que nous devons prendre en compte et accepter pour ce qu'elles sont : des informations utiles pour prendre des décisions appropriées, compte tenu du contexte et de nos objectifs.

Accepter nos émotions et nos sentiments

Les émotions et les sentiments n'ont pas toujours bonne presse. Dans certaines cultures (ou sous-cultures), ils sont tout simplement réprimés. Le sujet a le choix entre les ressentir et les cacher, ce qui n'est pas toujours très confortable, et ne « rien » sentir, c'est-à-dire réprimer la sensation qui accompagne le sentiment afin de nier son existence. Outre les problèmes de santé qui accompagnent, un jour ou l'autre, ce type d'attitude, on se coupe ainsi d'une irremplaçable source d'informations.

Il existe différentes raisons de croire qu'il est utile de réprimer ses sentiments. L'une d'entre elles est la crainte de se laisser guider par eux. Aux dires de certains, il existerait des personnes qui pensent et des personnes qui ressentent. Les premières agiraient « rationnellement » et les autres « affectivement » (entendre « de façon irrationnelle et même infantile »). Quelques questions (tout à fait rationnelles) peuvent nous venir à l'esprit : pourquoi ne pourrait-on pas ressentir *et* réfléchir ? Ne disposerions-nous pas de davantage d'informations pour décider ? Pourquoi l'un et l'autre seraient-ils incompatibles ? Pourquoi l'affectivité serait-elle infantile ? N'y a-t-il pas des raisonnements tout à fait « froids » et... parfaitement irrationnels ?

Une autre raison de craindre les sentiments est la peur de se laisser envahir par eux et d'agir de façon impulsive. Or il y a une différence entre ressentir et agir : l'un n'entraîne pas l'autre automatiquement. Comme nous venons de le dire, ressentir n'empêche pas de penser ni d'agir en accord avec ce que nous décidons. Il nous appartient donc de réfléchir à ce que nous allons faire, en tenant compte de toutes les données dont nous disposons, y compris ce que nous ressentons. Ainsi, nous déciderons peut-être de ne pas exprimer certaines émotions sur le champ, si les circonstances ne nous paraissent pas propices.

Un certain nombre de croyances culturelles pousse également nos éducateurs à blâmer l'expression de certains sentiments.

« Si tu continues, je vais te faire pleurer pour quelque chose », disait ma mère, ce qui impliquait que mes raisons n'étaient pas bonnes, même si elle ne les connaissait pas. J'ai dû en déduire qu'il n'y avait pas beaucoup de bonnes raisons pour pleurer sur soi-même et je réservai mes larmes pour les chiens perdus et les films tristes qui me donnaient une occasion de pleurer impunément... et que j'appréciais beaucoup ! Des années plus tard, j'ai dû réapprendre, en thérapie, à pleurer pour les vraies raisons et à faire taire cette voix dans ma tête qui disait que cela ne servait à rien.

Vous avez probablement déjà entendu dire : « Un grand garçon comme toi ne doit pas avoir peur » (sous-entendu, c'est bon pour les bébés ou c'est féminin... ce qui est sans doute pire) ou encore « une gentille petite fille ne se met pas en colère » (sous-entendu, c'est masculin !), « il faut être de bonne humeur, partager, pardonner, être courageux », etc.

Ainsi, on a une bonne raison pour nier ses sentiments : s'ils ne sont pas conformes, ils sont « mauvais » ou plutôt ils sont le reflet d'un aspect répréhensible de notre personnalité. Comment accepter de ressentir de la colère, de la peur, comment se sentir à l'aise lorsqu'on s'occupe de soi au lieu de penser d'abord aux autres ? Aujourd'hui, il convient d'observer et de grandir : nos éducateurs avaient certainement les meilleures intentions du monde en nous inculquant ces notions « morales ». Le seul problème (mais en est-ce un ?) est que ce qui est Est ! Un être humain ressent toute la gamme des sentiments possibles et, comme nous le verrons dans la dernière partie de cet ouvrage, refuser d'en tenir compte risque de nous jouer de très mauvais tours lorsque nous vieillirons. Mieux vaut apprendre à reconnaître nos sentiments, à comprendre ce qui se passe pour nous et à réfléchir à la conduite à tenir. On aura ainsi appris quelque chose d'essentiel qui consiste à faire la différence entre les sentiments, les pensées et les comportements.

Ainsi, si Fabien, deux ans, essaie d'assommer Anne-Lise, sa petite sœur, avec l'un de ses jouets, il est inutile (et même tout à fait déconseillé) de lui dire qu'il est « méchant ». On peut par contre l'aider à reconnaître ses sentiments en constatant qu'il est en colère et émettre une hypothèse quand à la raison de ce qu'il ressent (on l'aide ainsi à réfléchir) : peut-être croit-il que sa petite sœur va lui prendre sa place, l'amour de ses parents ? On pourra alors le rassurer. Ensuite on lui donnera des consignes fermes sur ce qu'il peut faire dans un cas comme celui-là, c'est-à-dire quels sont les *comportements* acceptables et ceux qui ne le sont pas. Ainsi, l'enfant pourra exprimer ses sentiments verbalement, taper un coussin (un punching-ball peut être un investissement avisé), mais sûrement pas frapper le bébé !

Accepter nos comportements

Ici encore, la tendance à critiquer nos comportements vient souvent d'une confusion de niveaux logiques. Je me critique en tant que personne au lieu de considérer le comportement qui ne me convient pas et d'acquérir la capacité nécessaire pour le changer. En fait, je crois que mon comportement démontre mon peu de valeur. Or, il est clair que si je place le problème au niveau de ma personnalité, j'ai beau me critiquer, je ne sais toujours pas quoi faire puisque je *suis* comme ça ! Au contraire, si je suis consciente qu'il ne s'agit que de ce que je fais et que j'ai la possibilité de changer mon comportement, je peux envisager différentes solutions. Il n'est pas nécessaire de s'en vouloir pour changer d'attitude. Il est beaucoup plus efficace de constater que notre comportement ne donne pas les résultats escomptés et de réfléchir à ce qui risquerait d'en donner de meilleurs avant de mettre en pratique. On observera alors les résultats... et ainsi de suite. C'est la méthode par « essais et erreurs ». Au fur et à mesure que le temps passe, nous accumulons de l'expérience et nous savons quoi faire dans les situations déjà explorées. Cette méthode a fait ses preuves.

Encore faut-il accepter de commettre des erreurs ! Ce n'est pas si simple : culturellement, l'erreur est très vite sanctionnée. À l'école, on compte les « fautes » ; on les souligne même en rouge. Si l'on en a trop, on a une mauvaise note, peut-être même est-on sévèrement réprimandé ! On remarquera, de plus, que le mot « faute » a une connotation morale. Faire une faute, c'est mal ! En revanche, si l'enfant connaît le sujet ou la réponse, avant même que l'enseignant n'ait commencé le cours, il sera valorisé. La déduction, consciente ou non, est qu'il faudrait savoir avant d'avoir appris, d'où la désagréable impression d'être coupable lorsqu'on ne sait pas et la désaffection pour l'école, ce lieu où l'on vous met devant vos fautes et vos manques !

Ainsi, peu de personnes donnent à l'erreur la place qu'elle mériterait. Et pourtant, c'est un excellent moyen de découvrir ce que nous ignorons :

☆

L'erreur est une étape sur le chemin de l'apprentissage et de la réussite. Elle est *feed-back* ou « retour d'information ». À ce titre, elle devrait être réhabilitée et toute personne qui éduque ou enseigne devrait apprendre à féliciter celui qui se trompe : « Bravo ! Maintenant, tu sais ce qu'il te faut apprendre. »

L'un des freins à l'acceptation de nos comportements vient aussi d'une mauvaise compréhension de ce qu'« accepter » veut dire. Accepter le comportement que nous avons eu ne veut pas dire qu'on va s'aveugler en prétendant qu'on aime ce qu'on a fait ou que ce comportement était louable, efficace, etc., s'il ne l'était pas. Accepter veut dire reconnaître que ce comportement a existé : « Oui, j'ai bien fait ça » et que, par ailleurs, *nous ne sommes pas nos comportements*. L'étape suivante consiste à faire le nécessaire pour mettre en place, à l'avenir, un comportement plus approprié. Encore une fois, comme pour les sentiments, ce n'est pas le déni du comportement (« ce n'est pas moi » ou « ce n'est pas ma faute » ou « c'est un accident ») qui permet de le corriger. En effet, si je ne reconnais pas que j'ai fait ce que j'ai fait ou si c'est la faute de quelqu'un d'autre, je n'ai pas non plus à changer quoi que ce soit.

Pour nous montrer plus acceptants devant nos comportements et ceux des autres, il existe une excellente croyance. Elle nous vient de la PNL et nous pouvons l'adopter sans hésitation si ce n'est déjà fait. Il s'agit de la suivante : *chaque comportement a une fonction positive*. Autrement dit, le comportement sert à la personne pour satisfaire un besoin, un désir, que ces derniers soient conscients ou non. Ainsi, fumer peut apparaître à certains comme un comportement néfaste, il a pourtant une intention positive. Il est clair que la personne qui fume, qui aimerait arrêter et qui ne le fait pas, a une « bonne raison » pour continuer malgré tous les raisonnements logiques qu'elle se tient et les reproches qu'elle s'adresse. Ces bonnes raisons (ou intentions positives) varient avec leurs propriétaires. Pour ce même comportement et à titre d'exemple, je peux citer : le désir de se faire plaisir, de respirer profondément (aussi surprenant que cela puisse paraître celui-ci est souvent cité), la nécessité de se ménager une pause, l'impression que l'on réfléchit mieux ou que l'on se maintient ainsi éveillé.

Les comportements agressifs ou même violents peuvent cacher une intention de se protéger, de rétablir la justice, d'être loyal envers une personne, une cause, etc. Postuler une intention positive n'excuse pas le comportement : il l'explique. Sachant à quoi il sert, il est beaucoup plus facile de trouver d'autres comportements qui rendraient les mêmes services sans présenter les inconvénients du premier. En effet, il y a toujours plusieurs moyens de satisfaire une intention positive, quelle qu'elle soit. Ainsi, on peut faire une pause en buvant une tasse de thé ou un verre d'eau et se protéger en pratiquant l'affirmation de soi.

L'adoption de cette façon d'envisager les comportements est très avantageuse. Outre la possibilité de remplacer le comportement gênant par un comportement approprié sans pour autant abandonner l'intention positive, cette vision des choses permet d'être plus tolérant pour les comportements des autres, comme pour les nôtres. Si nous acceptons l'idée qu'ils ont une intention positive, cela ne nous force en rien à les tolérer. Cela nous permet, en revanche, de continuer à accepter la personne qui les produit. Elle a des raisons personnelles de faire ce qu'elle fait. C'est différent de l'hypothèse selon laquelle elle serait malade, sotte, autodestructrice ou bien qu'elle ferait ce qu'elle fait exprès pour nous mettre en colère ou nous nuire (elle serait donc méchante) !

Accepter nos « défauts »

Tout d'abord, nous avons besoin de réfléchir sur la notion de défaut. En effet, certaines de nos caractéristiques peuvent être considérées comme des défauts ou comme des qualités selon le regard que nous portons sur elles. Vous avez certainement rencontré des personnes qui affirment qu'elles sont gourmandes avec un large sourire : elles en sont ravies et ne s'en cachent pas. La gourmandise fait pourtant partie des sept péchés capitaux ! De même, la curiosité est-elle « un vilain défaut », comme tente de nous le faire croire un dicton populaire ou une qualité nécessaire, à encourager chez l'enfant pour qu'il prenne plaisir à apprendre ?

Nous ne parlerons donc pas ici des défauts en général, comme si nous en connaissions la liste, mais *des traits de caractère que nous n'aimons pas*.

Il est intéressant de distinguer les défauts que nous nous reconnaissons et ceux que nous n'acceptons pas chez les autres. Pour les premiers, nous avons besoin de *trouver ce qui nous prouve que* nous sommes... paresseux, distrait, etc. Nous aurons ainsi une liste de *comportements* et nous serons alors en bien meilleure posture. Tout d'abord, nous aurons changé de niveau logique : nous ne « sommes » pas paresseux, nous avons passé la matinée au lit ou nous avons repoussé le moment de faire le ménage.

Nous sommes au royaume des comportements. Or un comportement peut se changer plus aisément qu'un trait de personnalité. De plus, est-il certain que nos agissements prouvent réellement notre « paresse » ?

Virginia Satir était particulièrement habile dans l'art du « recadrage ». Un recadrage consiste à donner à une situation ou à un comportement un sens différent de celui que la personne lui a attribué. Ainsi, Virginia aurait pu dire au supposé paresseux : « Ah, si je comprends bien, vous êtes attentif à vos besoins et vous savez prendre soin de vous. » Un tel recadrage n'est pas toujours accepté dès qu'il est proposé mais il peut aussi donner à réfléchir par la suite. De toute façon, il est tout à fait intéressant d'apprendre pour nous-mêmes l'art du recadrage et de nous demander si les preuves que nous avons accumulées sont réellement convaincantes et si les adjectifs que nous nous attribuons obligeamment concourent, ou non, à notre bien-être et à l'amélioration de ce que nous nous reprochons.

En dernière analyse, le mieux que nous puissions faire est d'accepter d'avoir des « défauts »... et de remettre ensuite les choses à leur place, c'est-à-dire au bon niveau logique : celui des comportements que nous avons eus. Mentir dans telle ou telle circonstance ne fait pas de nous un ou une menteuse *à vie*, trahir une confidence ne fait pas de nous un traître ou un parjure *pour toujours*. S'avouer que nous avons eu un comportement dont nous ne sommes pas fier est utile. En effet, nous pourrons réfléchir aux meilleurs moyens de réparer les dommages, si cela est possible ou d'agir différemment à l'avenir. En revanche, si nous généralisons en prétendant que nos comportements sont de nature à révéler un trait de personnalité indélébile, nous serons beaucoup plus enclins à nous mentir à nous-mêmes et à reléguer dans l'ombre ce qui ne cadre pas avec nos idéaux. Il ne nous restera plus qu'à détester, chez les autres, ce que nous ne voulons pas reconnaître chez nous.

Nous allons maintenant nous demander de quoi cette « ombre » est faite et, peut-être, l'accepter !

Accepter notre ombre

Nous devons à Carl Jung le concept de « l'ombre ». L'ombre est la partie de nous que nous n'acceptons pas et que nous nous cachons à nous-mêmes.

Il est tout à fait impossible de s'accepter réellement sans accepter son ombre. La métaphore la plus célèbre illustrant ce concept est la terrible histoire du bon docteur Jeckyl et de l'horrible Mr Hyde, les deux n'étant qu'une seule et même personne. Moins le bon docteur accepte son ombre, plus celle-ci prend de force. Plus elle prend le pouvoir et moins Jeckyl l'accepte. Bien entendu, tout cela finit très mal.

Comme nous venons de le voir, nous avons des pensées, des sentiments et des comportements que nous n'aimons pas et que nous n'acceptons pas. Si nous les désavouons et que nous les refoulons, nous nourrissons notre ombre.

Un peu plus haut dans ce chapitre, nous avons envisagé plusieurs façons de nous accepter et d'éviter ainsi ce refoulement. Il demeure que, par définition, ce qui est refoulé ne nous est pas connu. Comment faire ?

Il existe plusieurs façons d'entrer en contact avec son ombre. Pourtant, dans la mesure où il s'agit d'une tâche à priori ingrate (qui désire ardemment connaître ses manques et ses « crimes » les plus cachés ?), il est tout d'abord utile de la réhabiliter.

Dans son ouvrage *Apprivoiser son ombre*, Jean Monbourquette la définit comme : « Tout ce que nous avons refoulé dans l'inconscient par crainte d'être rejetés par les personnes qui ont joué un rôle déterminant dans notre éducation. » Une telle définition invite à l'indulgence. Le petit enfant n'a guère le choix ou plutôt il fait, à l'évidence, le meilleur choix en cherchant à plaire et à être aimé des personnes qui l'entourent. Il a *besoin* d'être aimé, c'est une question de survie.

Par ailleurs, l'ombre pourrait bien être également un réservoir de richesses inexploitées. En effet, tout ce que nous avons refoulé n'entre pas automatiquement dans la catégorie des « défauts ». Ainsi nous avons peut-être refoulé notre créativité pour être « comme les autres », parce que c'était bien vu dans notre famille. À moins que nous n'ayons jamais osé être spontanés de peur de paraître « m'as-tu vu ? » et autres raisons. Nos défauts eux-mêmes recèlent des trésors cachés. Si une personne se découvre « avare », il est probable qu'elle sait comment assurer sa sécurité matérielle et si elle s'avoue « prétentieuse », elle a certainement conscience qu'il est nécessaire de préserver son estime de soi, même si elle le fait maladroitement.

Une chose est certaine : pour s'accepter, il faut se connaître et pour se connaître vraiment, il faut connaître son ombre.

Quelques moyens pour connaître son ombre

Un bon moyen consiste à nous demander quels sont les défauts qui nous révulsent chez les autres. Nous pouvons alors avec beaucoup de profit nous interroger : ces défauts, ne nous seraient-ils pas, par le plus grand des hasards, plus familiers que nous ne voudrions bien l'admettre ?

☆

Ce que nous reprochons aux autres ou que nous détestons chez eux pourrait bien exister chez nous !

Ainsi, si je déteste les menteurs et les mensonges, je pourrai me demander si je ne suis pas, moi aussi, une « menteuse » et chercher les circonstances au cours desquelles j'ai menti. Attention, chercher celles, et uniquement celles, où le mensonge était acceptable à mes propres yeux (en l'occurrence, des exemples de mensonges « charitables ») constitue probablement un bel exemple de… dissimulation ! L'avantage de trouver des exemples est double. Premièrement, il rend les choses concrètes donc indubitables, deuxièmement, il permet de faire la différence entre le comportement et le mot que nous utilisons pour le qualifier (le défaut que nous essayons d'accepter). Comme nous l'avons vu précédemment, le processus qui consiste à passer du comportement (j'ai *fait* ceci) à l'identité (je *suis* cela) n'aide en rien à modifier son attitude et ne produit qu'une indubitable difficulté à s'accepter et, en particulier, à accepter son ombre. Loin de me dévaloriser à mes propres yeux, la reconnaissance bien comprise de mon ombre me permettra d'être plus tolérant(e) envers moi-même et envers les autres. En outre, je récupérerai pour des usages plus utiles l'énergie que je dépensais jadis pour m'indigner vertueusement et pour me cacher à moi-même des « tares » qui ne sont en fait que des pulsions et des tendances tout à fait humaines.

Afin de ne pas susciter l'opprobre de personnes trop promptes à s'indigner, rendons les choses tout à fait claires : accepter son ombre ne signifie en rien *agir* en fonction de ses pulsions, quelles qu'elles soient. Comme nous l'avons dit à plusieurs reprises, nous sommes responsables de nos comportements et il est à la fois intéressant et réconfortant de constater que les personnes qui s'acceptent, ombre comprise, sont celles qui sont les plus tolérantes envers les autres et les moins susceptibles de traduire en actes leurs mouvements de colère, de jalousie et, d'une façon générale, leurs pulsions destructrices et asociales.

S'AIMER SOI-MÊME

Une personne qui est consciente de sa valeur et de son importance comme de celle des autres et qui est capable de manifester son acceptation d'elle-même, y compris de son ombre, est également capable de s'aimer. En effet, le sentiment d'amour inconditionnel, le seul qui mérite le nom d'amour, s'accommode mal... des conditions ! Par conséquent, seule une personne qui accepte ses manques, ses faiblesses et ses erreurs est en bonne posture pour s'aimer vraiment.

☆

Si l'estime de soi est une évaluation cognitive, l'amour de soi est un sentiment, tout comme la confiance en soi. En revanche, si la confiance en soi demande que nous nous sentions capable de faire face aux différentes circonstances de notre vie en restant debout, l'amour de soi ne suppose rien de tel. Il ne peut être qu'inconditionnel.

Comme nous l'avons déjà dit (en citant la Bible) au début de cet ouvrage, l'amour de soi, loin d'être la démonstration d'un égoïsme scandaleux, est la condition nécessaire pour aimer réellement les autres. Pourtant il est rare de rencontrer quelqu'un qui affirme qu'il s'aime avec quelque sérieux. En général, il s'agit d'une plaisanterie.

Ceci me rappelle ce groupe de psychanalystes qui avait eu envie de produire un spectacle (excellent par ailleurs). L'un des chanteurs, parodiant la chanson de Johnny Hallyday *Que je t'aime*, hurlait dans son micro en caressant son corps vêtu de cuir noir *que je m'aime, que je m'aime, que je m'aime !*

Peut-être, si nous craignons l'hilarité provoquée par ce type de déclaration, pouvons-nous éviter de louer l'Olympia pour le faire. Une affirmation calme et sincère, destinée à nous-mêmes, suffira certainement.

UNE AUTHENTICITÉ NÉCESSAIRE

Comme le lecteur l'aura constaté au fil de ces dernières pages, l'acceptation de soi demande un contact et une sincérité profonde avec soi-même. Pour pouvoir s'accepter, il faut se connaître. Pour se connaître, il est nécessaire de se regarder en face. Cette authenticité n'est pas toujours facile et elle peut être source de découvertes inattendues, parfois même « choquantes ». Cependant, le jeu en vaut certainement la chandelle : qui estimer et sur qui compter si nous nous mentons à propos de nous-mêmes ?

Quelques exercices pour pratiquer l'acceptation de soi

On peut s'entraîner à s'aimer et à s'accepter dans les différents domaines dont nous avons parlé en pratiquant régulièrement les exercices suivants.

J'accepte mon corps

Debout, devant une glace « en pied », de préférence dévêtu :
– se regarder avec bienveillance, amicalement, attentivement, des pieds à la tête, en restant attentif à ce qui se passe en nous ;
– prendre conscience des tensions que nous produisons lorsque nous regardons telle ou telle partie de notre visage ou de notre corps ;
– respirer, se détendre et dire la phrase suivante : « Quels que soient les défauts ou les imperfections que je me trouve, je m'accepte entièrement et sans réserve et je m'aime tel (le) que je suis » ;
– répéter cela 5 ou 6 fois en prêtant attention à la signification de ce que l'on dit. On cherche à être en accord avec soi-même en prononçant la phrase.

Cet exercice n'est pas forcément facile à faire. On peut procéder graduellement. Par exemple, certaines personnes préfèrent commencer en se regardant habillé. Au début, il est courant de ne pas arriver à se détendre, de ne pas arriver à dire la phrase ou de la dire sans donner aux mots leur pleine signification (un peu comme si notre bouche seule les prononçait !). Ce n'est pas une raison pour s'arrêter, au contraire. Au fur et à mesure que l'on pratique, les choses deviennent plus faciles et nous « pensons » ce que nous sommes en train de dire.
Continuer à pratiquer cet exercice régulièrement jusqu'à ce que l'on puisse le faire en se sentant à l'aise et en accord avec soi-même.

J'accepte mes sentiments

Prendre un sentiment ou une émotion que l'on n'aime pas beaucoup ressentir, par exemple la peur, la colère, l'humiliation, l'insécurité, etc. Passer par les étapes suivantes en prenant le temps nécessaire pour les expérimenter pleinement :
– trouver une expérience au cours de laquelle on a ressenti ce sentiment et la revivre comme si l'on y était ;
– repérer les sensations qui sont associées au sentiment et imaginer que l'on dirige le flux de sa respiration là où l'on ressent les sensations ;
– continuer de « respirer dans le sentiment » en acceptant de ressentir pleinement les sensations qui lui sont associées ;
– tout en continuant à respirer et à ressentir, dire lentement et à haute voix la phrase suivante 4 ou 5 fois de suite : « En ce moment, je suis en train de ressentir… (nommer le sentiment) et j'accepte de ressentir… (le sentiment). » Lors de la dernière répétition, ajouter : « et en faisant cela, je m'accepte moi-même » ;
– noter sur un cahier réservé à cet effet : la date, ses impressions et ses découvertes. Il sera intéressant de retracer l'évolution de ces dernières après quelque temps de pratique.

J'accepte mes comportements

Il s'agit d'accepter nos erreurs, nos échecs, bref, les comportements qui ne nous plaisent pas. Dans une seconde étape, on apprend à remplacer le comportement par un autre, plus approprié. On réalise ainsi qu'il n'est pas nécessaire de se blâmer pour apprendre à faire autrement.

Accepter :

– choisir le comportement que nous avons dévalorisé ou nié ;

– voir, comme sur un écran, le comportement se dérouler jusqu'à la fin. Cela signifie que nous nous voyons, comme s'il s'agissait d'un film, en train de faire ce que nous faisions lors de l'expérience dont il s'agit ;

– considérant le comportement, dire à haute voix : « Même si je n'aime pas ce comportement » ou « même si je trouve ce comportement inefficace (ou inélégant ou inadapté), je ne suis pas mon comportement et je suis toujours important(e), digne d'être heureux(se) et capable d'apprendre à me conduire différemment » ;

– répéter cette phrase jusqu'à ce que l'on puisse le faire en se sentant en accord avec soi-même.

Remplacer :

– réfléchir à un ou plusieurs comportements qui auraient été plus appropriés dans cette circonstance. En choisir un, en s'assurant qu'il ne présente aucun risque, personnel ou relationnel, à court ou à long terme ;

– se voir à nouveau sur l'écran en train de pratiquer ce nouveau comportement à la place de l'ancien dans la même circonstance. Ajuster notre attitude de façon à obtenir le résultat que nous escomptons ;

– éteindre l'écran, fermer les yeux et imaginer que nous sommes en train de vivre la scène comme si nous y étions ;

– imaginer une circonstance future similaire et se voir sur un écran en train de mettre en œuvre le comportement adapté ;

– vérifier que ce comportement donne bien les résultats escomptés et ne présente aucun inconvénient. Dans le cas contraire, modifier son attitude jusqu'à satisfaction ;

– éteindre de nouveau l'écran et vivre la situation en imagination, en ajustant à nouveau si nécessaire pour obtenir le résultat désiré.

J'accepte mes « défauts », j'accepte mon ombre

(Cette exercice s'effectue avec l'aide d'un partenaire.)

– Faire une liste des défauts et traits de caractère que nous supportons mal chez les autres ;

– trouver un partenaire en qui nous avons confiance et qui veut bien faire l'exercice avec nous. Nous allons nous asseoir face à face.

1er temps :

Prendre l'un des défauts qui nous déplaît particulièrement et dire à notre partenaire en le regardant droit dans les yeux : « Je suis un... paresseux(se), ou un traître ou je suis une personne superficielle, ou mesquine, etc. »
Attention : il ne s'agit pas de dire la phrase avec un petit sourire qui signifie : « Je fais l'exercice mais je n'en pense pas un mot. » Il faudra probablement répéter la phrase plusieurs fois avant de pouvoir la dire en étant sincère. Le partenaire est là pour vérifier que nous ne cherchons pas d'échappatoire.

2e temps :

Le partenaire demande : « Quelles preuves peux-tu m'apporter de ce que tu dis ? »
– Donner quelques exemples de mensonges, trahisons, paresse, etc., selon le choix, et ajouter : « Ce sont des comportements et, même si je ne les aime pas, ils ne disent pas qui je suis et je m'aime tel(le) que je suis. »
Nous pouvons ensuite choisir un autre défaut et recommencer, en alternant avec le partenaire s'il en a envie.

À propos de cet exercice, on pourra peut-être se demander à quoi cela sert de répéter « je suis un menteur » pour dire ensuite que nos comportements ne disent rien de qui nous sommes. À l'évidence, si nous détestions les « menteurs », c'est que nous avions en tête cette catégorie mentale et que nous la projetions à l'extérieur de nous. Dans un premier temps, l'exercice nous permet de nous réapproprier notre projection, nous libérant ainsi de la nécessité de nous cacher quelque chose à nous-mêmes. Dans un deuxième temps, nous pouvons découvrir qu'il n'y a rien de définitif (donc de grave) à cacher et remettre les choses à leur place en assimilant la notion de niveau logique : il y a une différence entre nos comportements et notre identité.

ET SI NOUS « RÉSISTONS » ?

Il se peut que la pratique de l'un ou l'autre de ces exercices nous semble difficile ou même ridicule. C'est le signe qu'une partie de nous « résiste ». Il est important d'accepter cette résistance. Elle a certainement une intention positive ! Une première étape pourrait être de la chercher.

Identifier et comprendre la résistance

Pour ce faire, on peut procéder de la façon suivante :
– trouver un endroit calme où l'on ne sera pas dérangé ;
– respirer calmement, se détendre et se centrer sur soi-même ;
– s'adresser à la partie de soi qui ne veut pas faire l'exercice et la remercier pour son intention positive, quelle qu'elle puisse être ;
– demander à cette partie de nous révéler cette intention positive si elle en est d'accord.

Si nous sommes ouverts et disponibles, nous pourrions bien avoir une réponse et parfois même une réponse inattendue ! Il arrive que la nature de la réponse nous permette de prendre soin de la bonne intention tout en faisant l'exercice.

Par ailleurs, une véritable acceptation a souvent des conséquences inattendues : la résistance pourrait bien disparaître toute seule, sans que nous ayons eu l'impression d'obtenir une réponse.

Un exemple de résistance vite écartée : Marie-Pierre a quelques kilos en trop. Elle décide de s'occuper d'elle et, en particulier, de faire l'exercice « accepter son corps ». Une semaine plus tard, elle a commencé à modifier son alimentation mais elle n'a pas fait l'exercice. Elle décide de chercher la bonne intention de la partie d'elle qui fait de l'obstruction. Après l'avoir remerciée, elle lui demande ce qu'elle veut de bon pour elle. La réponse s'impose tout de suite : « Elle veut m'empêcher d'être ridicule. » Comme je l'interroge pour savoir aux yeux de qui elle pourrait être ridicule, elle répond : « Aux yeux des autres. » Il devient alors très vite évident qu'elle n'est pas obligée de le leur dire. Dès le lendemain, elle faisait l'exercice !

Contrairement à ce que les personnes qui n'ont pas l'habitude de dialoguer avec des parties d'elles-mêmes pourraient croire, ce type de résolution rapide n'est pas rare. Tant que l'on ne connaît pas la nature de la résistance, on résiste ! Si l'on trouve une solution simple pour « contenter » la partie de soi qui avait une objection, tout s'arrange. Bien sûr, dans certains cas, les solutions ne sont pas si évidentes et je ne saurais trop inciter les personnes qui éprouvent beaucoup de difficultés à consulter un psychothérapeute.

Bien que certains continuent à le croire, il n'est vraiment pas nécessaire d'être « fou » pour cela. J'en ai moi-même tiré grand profit… Les personnes qui me connaissent bien, et qui ont en général le sens de l'humour, diront peut-être que mon exemple ne constitue pas forcément une excellente démonstration. De toute façon, psychologues et sociologues ont beaucoup de mal à se mettre d'accord sur ce qui constitue la « normalité » !

Deuxième partie

VIVRE EN ACCORD AVEC SES MOTIVATIONS PROFONDES

« La première étape vers sa personne profonde est de retrouver ce rêve, de le raviver, de le remettre à jour. À quel âge s'est-on arrêté de rêver, de nourrir des projets importants à ses yeux ? Qui nous a dit que c'était irréalisable, stupide, ou en tout cas pas fait pour nous ? Tous les rêves ont leur place, dès qu'ils ont du cœur et du sens. »

Myriem Le Saget

« Le bonheur, c'est savoir ce que l'on veut et le vouloir passionnément. »

Félicien Marceau

4

ÊTRE EN CONTACT AVEC LE SENS DE SA VIE

Savoir où l'on va
et pourquoi

NOUS VENONS DE DÉVELOPPER l'aspect inconditionnel de l'estime de soi : s'accepter et s'aimer soi-même indépendamment de nos réalisations. Comme nous l'avons dit au début de cet ouvrage, cela ne suffit pas. Pour maintenir et nourrir notre estime de soi et pour générer ainsi une saine confiance en soi, il est nécessaire de pouvoir compter sur soi. Nous devons, en quelque sorte, nous mettre à la barre et diriger le bateau en passant au mieux les vagues qui ne manqueront pas de secouer notre embarcation.

À ce point de notre raisonnement, deux questions essentielles se posent à nous : Où voulons-nous aller ? Quel est le bon chemin ? En effet, si nous devons prendre la responsabilité de notre vie, plutôt que d'attendre que les autres ou les circonstances décident pour nous, il faut savoir ce que nous voulons et vers quoi nous désirons nous diriger.

Aussi évidentes que ces questions puissent paraître, nous ne sommes pas toujours conscients de ce que nous voulons vraiment et encore moins de ce vers quoi nous nous dirigeons à long terme.

Lorsque, au chapitre 1, nous avons décrit la grille des niveaux logiques, nous avons évoqué le niveau de l'Identité. Ce niveau est à la fois le niveau de « l'être » (ce niveau auquel nous n'avons rien à faire pour avoir de la valeur et de l'importance) et le niveau de notre « Projet de vie » ou « Mission ». Le Projet de vie est, en quelque sorte, le plan que nous avons imaginé lorsque nous étions enfant pour mener une existence qui vaille la peine d'être vécue.

Certaines personnes affirmeront qu'elles n'ont rien fait de tel, qu'elles ne veulent rien de particulier et qu'elles n'ont aucun plan à long terme. En fait, lorsque nous sommes adultes, nous « oublions » ce projet, tout au moins au niveau conscient. En revanche, tapi dans notre inconscient, il continue de nous pousser à penser et à agir comme nous le faisons, y compris pour les petites choses de la vie.

LA VISION ET LE PROJET DE VIE : CHACUN POURSUIT SON PROPRE RÊVE

Dans l'enfance, notre personnalité se forme petit à petit. En particulier, nous nous faisons assez vite une idée générale de ce qui serait « bien », de ce qui constituerait un monde idéal. Cette aspiration que nous appellerons « Vision » prend corps progressivement, dans notre enfance, à partir de ce que nous entendons, de ce que nous voyons, et des valeurs que nous adoptons. La notion de désirable et de non désirable, de bien et de mal s'établit très tôt dans la vie. Parallèlement, nous comprenons aussi que ce monde parfait n'existe pas. Tout le monde n'est pas gentil; il y a des injustices; on ne peut pas faire tout ce que l'on veut… Le fait que nous le déplorions prouve que nous comparons avec quelque chose de mieux et confirme l'existence de cette Vision d'un monde idéal ou les gens seraient bons, justes, libres… La Vision n'est donc qu'une référence vers laquelle tendre, elle est le reflet des valeurs qui sont importantes pour nous, et les valeurs ne s'atteignent pas. Nous continuons de chercher à vivre en accord avec elles toute notre vie. Là est leur finalité : tout comme il existe un idéal du Moi, il existe un « idéal du monde ».

Voici quelques exemples de Visions : « un monde en paix dans lequel les hommes sont libres et heureux », « un monde beau et chaleureux dans lequel chacun prend soin des autres et de la nature », « un monde où chacun a un accès égal au savoir et aux richesses », ou une combinaison de ces différentes valeurs et de bien d'autres. Parfois, les Visions apparaissent dans les chansons populaires :

« Mon rêve n'est pas d'aller ailleurs,
Mais qu'ici tout devienne meilleur
Que le monde soit comme une island,
Voilà tout ce que je demande.
Que chacun y trouve sa plage
Au soleil jusqu'au bout de l'âge... »

chante Fabienne Thiebaud dans la chanson de Grisolia et Bourtayre, *J'irai jamais sur ton island.*

Bien entendu, ces aspirations et plus encore leur formulation sont largement inconscientes. Autrement dit, sauf si nous nous posons délibérément la question et prenons le temps et les moyens pour y réfléchir, nous ne savons pas dire que nous portons en nous cet idéal impossible à atteindre. En tout cas, nous ne savons pas le formuler. Parfois même, nous manquons de contact avec lui. Il va cependant rester actif car il a donné lieu à notre *Projet de vie.*

Le Projet de vie, appelé aussi « Mission » (Robert Dilts) ou « Légende personnelle » (Paolo Coelho) ou « Rêve de vie » (Myriem Le Saget), est le plan de vie que nous nous sommes tracé pour occuper notre place dans le monde en tenant compte de notre Vision. C'est ce que nous avons décidé de faire pour tendre vers ce monde idéal et, par là même, c'est ce qui donne un sens à notre existence. Bien que le Projet de vie soit élaboré à un âge tendre (c'est en général autour de six ans que l'enfant donne une forme à son Projet de vie), il continue à déterminer nos choix les plus importants : la profession que nous exerçons, le type de partenaires et d'amis que nous recherchons, le lieu où nous vivons, le genre d'activités que nous aimons... Ainsi, une Vision telle que « un monde où chacun a un accès égal au savoir et aux richesses » indique des valeurs comme l'égalité (ou la justice), la connaissance, l'abondance. Elle pourra déterminer, par exemple, une vocation d'enseignant ou de formateur, peut-être même la personne enseignera-t-elle une discipline qui a un rapport avec ses valeurs (l'économie, le droit, les ressources humaines, la psychologie...).

Il y a toujours une correspondance entre la Vision et le Projet de vie mais, bien entendu, la façon dont une personne donnée exprime ses aspirations profondes varie en fonction de nombreux paramètres, notamment de ses croyances à propos des meilleurs moyens pour le faire. Voici un exemple de Projet de vie : « J'apprends sans cesse et je partage ce que je sais et qui je suis. Je suis pleine de joie de vivre et je rayonne autour de moi. J'ai ainsi un impact positif sur le monde en y ajoutant plus de liberté, de tolérance et de bienveillance. »

À partir d'un Projet de vie, il est facile de retrouver la Vision ou en tout cas une partie de cette dernière. En effet, on y découvrira nécessairement les aspirations de la personne. Dans l'exemple précédent, la découverte ou la connaissance, le partage, la joie de vivre ainsi que le désir d'améliorer : soi-même, les autres et le monde.

Bien que tout ceci puisse paraître aussi irréalisable que la Vision, il n'en est rien.

☆

Autant il est utopique d'espérer que le monde deviendra cet endroit idéal où toutes nos valeurs seraient respectées, autant il est tout à fait possible de choisir nos actions de telle façon qu'elles *tendent vers* plus de justice, de liberté ou d'amour de son prochain, en fonction des valeurs qui sont les nôtres.

Les termes du Projet de vie n'étant pas formulés de façon concrète, toutes sortes d'actions et de réalisations peuvent être menées à bien qui donnent à la personne concernée l'impression qu'elle apporte sa contribution à sa Vision en vivant en accord avec son Projet de vie.

Tout comme la Vision, le Projet de vie est permanent ou quasi permanent, c'est-à-dire que, dans notre esprit, il varie très peu. Si nous éprouvions l'envie de le formuler clairement à différentes étapes de notre existence, nous le rédigerions probablement de façon un peu différente, mais les idées directrices resteraient les mêmes. Ceci n'est pas étonnant car, comme je l'ai souligné, la Vision et le Projet de vie reflètent nos valeurs et les valeurs qui nous sont chères sont certainement parmi les éléments les plus stables de notre personnalité. Même si nous accordons plus d'importance à telle ou telle valeur aux différents âges de notre vie, même si nous exprimons différemment ce qui est important pour nous, celles dont nous avons décidé, très jeunes, qu'elles étaient fondamentales le resteront toute notre vie.

Certaines personnes s'imaginent qu'elles n'ont pas de Projet de vie ou pensent que d'autres n'en ont pas. Tout le monde en a un, mais il n'est pas toujours facile de s'en rendre compte. D'une part, tout comme la Vision, le Projet de vie n'est pas conscient ; d'autre part, en avoir un ne veut pas dire vivre en permanence en accord avec lui. S'il est clair que vivre en accord avec ses valeurs est particulièrement satisfaisant, nous savons très bien que ce n'est pas toujours le cas pour tout le monde ! C'est pourtant le seul moyen d'être satisfaits par ce que nous faisons. J'entends parfois certaines personnes dire : « Il faut que j'arrive à me motiver pour faire telle chose. » *Il est impossible de se motiver pour quelque chose qui n'a rien à voir avec nos valeurs et nos aspirations profondes*. En revanche, il est tout à fait réalisable de nous demander en quoi tel ou tel projet, telle ou telle situation, telle ou telle tâche à accomplir rencontre nos aspirations.

En voici un exemple. Un jeune homme que je connais s'était vu proposer un stage (nécessaire à l'obtention de son diplôme) dans une entreprise « polluante ». Compte tenu de ses opinions sur l'importance de la préservation de l'environnement, il faisait grise mine devant cette perspective jusqu'à ce que quelqu'un lui fasse remarquer qu'il obtiendrait ainsi beaucoup d'informations très utiles pour réfléchir aux moyens à mettre en œuvre pour remédier à cet état de choses. Il finit par y aller de bon cœur ; il avait trouvé une réelle motivation, en accord avec ses valeurs.

ORIGINE ET IMPORTANCE DES VALEURS

Nous avons vu que nos motivations profondes sont intimement liées à nos valeurs. Or il y a plusieurs façons d'opter pour telles valeurs ou telles autres. Une façon courante de procéder est de nous laisser influencer par les valeurs de l'environnement. Ainsi, il existe des valeurs culturelles et des moyens proposés (ou imposés) par la culture pour vivre en accord avec elles. Ces valeurs et ces moyens sont d'autant moins remis en question qu'ils semblent aussi naturels que l'air que l'on respire. En général, ils ne peuvent être remis en question qu'en présence d'autres valeurs, d'autres façons de les poursuivre, c'est-à-dire d'autres cultures (même si ces dernières ne viennent pas nécessairement de l'autre bout du monde). Une micro-culture qui a une influence déterminante sur l'adoption de nos valeurs et de notre Vision est notre famille : ce qui s'y dit, ce qui s'y pratique et la présence ou l'absence d'accord entre les deux. S'il y a accord entre ce que nos parents et les personnes importantes de notre entourage disent et font, il y a de fortes chances pour que nous adoptions leurs valeurs. Malheureusement, nul n'est parfait et ce n'est pas toujours le cas. Ainsi, il n'est pas rare que l'enfant entende prôner l'amour du prochain et surprenne les grands à dire beaucoup de mal des voisins dès que l'occasion s'en présente ou soit puni lorsqu'il raconte « des histoires » tandis que ses parents mentent sans vergogne devant lui.

La famille n'est pas la seule micro-culture qui ait une influence. Tous les groupes auxquels une personne appartient sont susceptibles d'influencer le type de valeurs qu'elle privilégie et la façon dont elle croit qu'il faut vivre pour les satisfaire. Bien entendu, ces divers groupes sont eux aussi susceptibles de présenter des incohérences. Ainsi, par exemple, ma mère détestait les « grenouilles de bénitier » à qui elle reprochait principalement de dire du mal de leur prochain en sortant de la messe. Devant ce type de comportements incohérents, plusieurs attitudes sont possibles : faire la même chose (« c'est ainsi que l'on procède quand on est adulte, la preuve c'est que les autres le font ! »), adopter une attitude désabusée ou cynique (« les hommes sont fondamentalement mauvais, c'est la nature humaine qui est ainsi »), se rebeller et se battre soit *contre* ce monde hypocrite, soit *pour* un monde meilleur… ce qui n'est pas tout à fait la même chose.

L'attitude la plus constructive consiste à se dire que chacun fait les choses à sa manière, en fonction des options qu'il a à sa disposition à un moment donné.

☆

Notre responsabilité personnelle est de deux ordres : décider des valeurs qui sont vraiment les nôtres et vivre en accord avec elles à notre propre façon.

DES VALEURS « BIEN À SOI »

À l'évidence, il ne s'agit pas des valeurs que nous avons prétendument adoptées sans y réfléchir plus avant, ni de celles auxquelles nous tentons de nous conformer parce que « ça se fait », parce que ce sont celles qu'on nous a enseignées ou imposées. Il s'agit de celles dont nous sentons profondément qu'elles sont bien à nous. Lorsque nous nous laissons influencer et que nous ne suivons pas nos choix profonds, notre estime de soi en souffre. Le monde est plein de gens qui ont accepté des choix qui n'étaient pas vraiment les leurs, dans le domaine des études, de la profession ou même du choix d'un partenaire. « Tu ne trouveras plus jamais personne qui voudra de toi », avait dit la mère d'une de mes clientes à sa fille qui voulait mettre un terme à une relation amoureuse qui ne la satisfaisait pas réellement. On comprendra aisément que l'image que sa mère avait d'elle ne l'avait probablement pas beaucoup aidée à entretenir une bonne estime de soi : elle s'est mariée. Quelques années et trois enfants plus tard, elle divorçait et entreprenait une démarche de développement personnel.

« Bien à nous » ne signifie pas que nos valeurs n'appartiennent à personne d'autre. Qu'elles soient ou non celles de nos parents ou de telle ou telle autre personne n'est pas un critère pertinent. Ce qui importe est la sensation interne qui nous dit qu'elles signifient réellement quelque chose pour nous. Je connais une jeune femme qui n'était pas invitée aux fêtes de famille parce qu'elle vivait avec un homme avec qui elle n'était pas mariée. Quelle que fût la valeur qui « justifiait » une telle attitude, je ne suis pas certaine que chacune des personnes qui ne l'invitait pas, ou qui lui proposait de venir sans « lui », s'était réellement demandé au nom de quoi elle se comportait ainsi et s'il s'agissait bien d'une façon adéquate d'exprimer la valeur avec laquelle elle se sentait profondément en accord.

Choisir nos valeurs et la façon de les vivre au quotidien est notre droit et il est de notre responsabilité d'y réfléchir et, éventuellement, de « faire le ménage ». Certains groupes sont particulièrement explicites à propos des valeurs à adopter et de la façon dont il faut se conduire pour les satisfaire. Ils peuvent se montrer plus ou moins tolérants devant les déviations. Certaines personnes sont si peu en contact avec leurs valeurs personnelles et manquent tellement d'estime de soi pour faire confiance à leur propre jugement qu'elles sont des proies toutes trouvées pour ce type de groupes et en particulier pour les sectes. En effet, ces dernières proposent à la fois un ensemble de valeurs à respecter et des règles très claires pour le faire. Elles évitent ainsi aux personnes qui se laissent séduire d'avoir à chercher leurs propres valeurs, la façon dont elles souhaitent les satisfaire et par là même donnent (en apparence) un sens à leur existence. Bien entendu, la supercherie ne peut pas durer éternellement. C'est la raison pour laquelle il faut un système de répression des déviations, ce dernier devenant de plus en plus coercitif au fur et à mesure que la tromperie se fait plus évidente. Attention, lorsque je parle de supercherie, je ne pense pas seulement à celle du « gourou » dont il est parfois difficile de décider s'il est sincère ou machiavélique, mentalement aliéné ou simplement intéressé par les revenus substantiels que procure le commerce des valeurs en prêt-à-porter.

Je parle ici essentiellement de la supercherie interne, du mensonge qu'il faut se faire à soi-même pour accepter de s'en remettre entièrement à autrui pour trouver nos valeurs, le sens de notre vie et la façon dont nous allons nous y prendre pour la conduire. Une telle abdication constitue à la fois une indication du peu d'estime de soi que ces personnes manifestent, mais aussi et surtout une conduite qui ne peut que les mener à une perte des capacités de la restaurer, si ce n'est à des pertes encore plus graves comme celle de leur liberté, de leur santé mentale ou même de leur vie.

VIVRE EN ACCORD AVEC SES VALEURS

La seconde chose que nous avons à faire après nous être assurés que nous savons ce qui est réellement important pour nous est de vivre en accord avec ces valeurs que nous avons choisies. Cette attitude s'appelle *l'intégrité*. La trahison de nos valeurs est un acte grave pour l'estime que nous nous portons car c'est une façon de trahir ce qu'il y a de plus important pour nous : notre Projet de vie, qui est une manifestation de notre identité. C'est une façon de dire que nous ne pouvons pas avoir confiance en nous au niveau même où cette confiance est la plus importante. C'est une façon de tricher avec nous-mêmes. Si nous trahissons nos valeurs, nous perdons la face à nos propres yeux et nous cessons de nous respecter, ce qui est bien plus grave que de perdre la face devant quelqu'un d'autre.

☆

On peut donc dire que la pratique de l'intégrité est la plus grande marque d'estime de soi. C'est aussi la meilleure chose que nous puissions faire pour jouir d'une bonne estime de soi.

Parfois, l'on peut être tenté de se dire que vivre en accord avec ses valeurs dans un monde comme le nôtre est bien futile et que les personnes qui le font sont par trop idéalistes. En fait, l'intégrité n'a pas besoin d'être pratiquée par tous pour être efficace et nous n'avons pas besoin d'attendre qu'elle se généralise pour la pratiquer. Tout d'abord, il ne faut jamais minimiser l'impact que nous pouvons avoir et jusqu'à quel point cet impact sera démultiplié. Tous les grands changements ont d'abord été le fait d'un petit nombre et les personnes qui ont une bonne estime d'elles-mêmes sont précisément celles qui sont le plus susceptibles d'avoir un rayonnement important. D'autre part, le premier rôle de la pratique de l'intégrité est de nous permettre de vivre en paix avec nous même, en contact avec la joie et l'enthousiasme que donne l'impression que nous sommes en train de vivre notre Projet de vie, et cela seul vaut certainement la peine d'être vécu !

Au point où nous en sommes, il est essentiel de comprendre que la plupart des situations où il s'agit de vivre en accord avec nos valeurs et de pratiquer l'intégrité ne sont pas de grands cas de conscience (encore que ceux-ci puissent se présenter parfois), mais les petits problèmes et les différents choix de notre vie quotidienne. Voici quelques exemples d'actions qui peuvent être en désaccord avec nos valeurs et susceptibles de saper notre estime de soi : manquer à une promesse, prétendre que l'on est d'accord si ce n'est pas vrai, se taire pour éviter une confrontation, refuser d'admettre que l'on s'est trompé alors que l'on sait que c'est le cas, etc. Et, bien sûr, continuer dans une profession qui ne nous permet pas de vivre en accord avec nos valeurs essentielles par peur de prendre des risques. Ce sont là des exemples et il existe, bien entendu, des exceptions. Nous pouvons, à certains moments, nous trouver face à un conflit de valeurs et décider d'en privilégier une, sachant que nous devrons composer avec l'autre. Si le choix est conscient, il peut être assumé.

LES CONFLITS INTERNES

Aussi petits soient-ils, nos conflits intérieurs sont des conflits de valeurs. Supposons par exemple que nous hésitions à propos de ce que nous allons faire de notre soirée : allons-nous aller au cinéma ou rester à la maison ? Notre conjoint aimerait sortir mais nous avions promis aux enfants de les aider à finir leurs devoirs ou de jouer avec eux. Bref, en apparence nous sommes tiraillés entre deux activités différentes (autrement dit, si nous nous référons aux niveaux logiques, notre problème se situerait au niveau des comportements). En réalité, nous avons essentiellement un conflit de valeurs : faut-il privilégier notre *plaisir personnel* (ou notre désir de *faire plaisir* à notre partenaire) ou *tenir notre promesse* ? Selon le cas, le désir de faire plaisir peut renvoyer à une autre valeur (par exemple l'*harmonie* dans le couple) et le désir de tenir sa promesse peut être un moyen de montrer son *amour* ou *d'être à la hauteur de son rôle de mère ou de père*, etc. Même chose lorsque nous hésitons à prendre le chocolat qu'on nous offre : allons-nous privilégier notre envie (et nous faire *plaisir*) ou écouter la voix qui nous dit que nous risquons de grossir (le critère est alors *l'esthétique*) ou que ce n'est pas très bon pour notre digestion après le foie gras, la dinde farcie et la bûche à la crème au beurre (c'est notre *santé* qui nous préoccupe) ?

Il ne s'agit pas de nous interroger en toute occasion sur les valeurs qui nous permettent de choisir, mais plutôt d'avoir une piste de réflexion lorsque nous nous sentons indécis au point de ne pas pouvoir agir.

Si nous voulons être tout à fait exact, nous ne devrions pas parler de conflit de valeurs mais de conflit entre les croyances que nous entretenons à propos de nos valeurs. En effet, une valeur est positive « à priori ». Il n'y a rien à dire contre l'amour, la justice, la santé, la solidarité, la liberté, l'égalité ou la fraternité ! Une valeur peut également être compatible avec toute autre valeur « à priori ». C'est lorsque nous donnons un sens à ces valeurs (telle valeur veut dire telle chose) et que nous décidons des moyens pour les satisfaire (voici les règles à suivre pour obéir à telle valeur) que nous créons des incompatibilités. Ainsi, certaines personnes pensent qu'il est tout à fait possible d'être à la fois *engagé dans une relation amoureuse* et *libre*. D'autres jurent le contraire. Il est clair que nous pourrions discuter à l'infini pour savoir qui a « raison ». À l'évidence, il ne s'agit pas d'avoir tort ou raison, il s'agit de savoir quel sens ces personnes donnent aux mots. Que veut dire pour elles : « être engagé dans une relation amoureuse » et « liberté » ? D'autre part, nous devons savoir aussi comment elles pensent qu'il faut agir pour se conformer à ces valeurs ! On trouvera des opinions extrêmement variées et des façons de se conduire non moins variées.

☆

Tant qu'une personne se comporte en accord avec ses opinions, c'est-à-dire utilise des façons de satisfaire ses valeurs qui correspondent à la définition qu'elle s'en fait, elle se sent bien, en accord avec elle-même. Elle vit dans l'intégrité.

S'il y a divorce entre sa définition d'une valeur et ses actions, elle aura l'impression de se trahir et son estime de soi en souffrira. Parfois, certaines personnes sont outrées par « l'hypocrisie » de la conduite d'un tiers, sans se rendre compte qu'elles sont en train de juger à partir de leurs propres valeurs et surtout de leur propre définition de la valeur considérée ! J'ai connu une dame qui s'indignait parce que, selon elle, sa belle-sœur se laissait traiter « comme une serpillière » par un mari volage sans se rebeller. Pire, cette dernière ne semblait pas en vouloir à son conjoint. C'était si incroyable pour cette personne qu'elle tenait sa belle-sœur pour une hypocrite. On peut comprendre l'attitude de l'une et de l'autre en se référant à leurs définitions respectives de la fidélité. Pour la dame indignée, la fidélité conjugale impliquait nécessairement l'abstinence de toute relation sexuelle en dehors du mariage. Or sa belle-sœur avait été élevée dans une culture où exiger cela d'un homme était parfaitement irréaliste, elle ne s'y attendait donc pas ! Selon ses critères à elle, son mari manifestait son amour, prenait soin d'elle et de sa famille et revenait toujours après des escapades qui, tout bien considéré, ne comptaient pas : il était donc « fidèle ».

Cet exemple ayant pour but de préciser comment les croyances que nous entretenons à propos de nos valeurs influencent notre compréhension des autres, je ne suis pas en train de dire que, sous prétexte que tout le monde ne partage pas la même opinion sur l'importance relative de telle ou telle valeur et n'en donne pas la même définition, il faut nécessairement accepter les *comportements* qui ne nous conviennent pas. S'il est important de se montrer tolérant, il s'agit parfois de faire preuve d'affirmation de soi (comme nous le verrons prochainement) et de s'en tenir à nos propres définitions, même si nous ne les prenons pas pour des vérités universelles.

RÉSOUDRE UN CONFLIT DE VALEURS

Dans la mesure où nos conflits de valeurs sont générés par les croyances que nous entretenons à propos de ces valeurs, on comprendra aisément que, si nous en avons un, il nous faudra tout d'abord vérifier si nous sommes bien certain de nos croyances. L'une de mes clientes hésitait à partir faire un voyage offert par son entreprise car elle ne pouvait pas emmener son mari et leurs deux enfants. Interrogée, elle déclara qu'elle était tentée parce que ce voyage lui procurerait de la *détente* et du *plaisir*, mais qu'elle trouvait *injuste* de se distraire alors que sa famille ne pourrait pas en profiter.

Je lui fis alors remarquer que si sa définition de ce qui était juste dans la vie de famille était que chacun des membres fasse tout ce que les autres avaient l'occasion de faire, ils allaient bientôt se trouver dans une situation inextricable. Assistait-elle à tous les déjeuners d'affaires de son mari, aux surprises-parties de l'aîné des enfants, faisait-elle la sieste avec le bébé ? Elle décida d'en rire et profita de son voyage. Sa définition de la justice manquait de logique.

Bien entendu, il arrive que cette méthode ne résolve pas le problème. On peut alors utiliser ce que les usagers de la PNL appellent le « modèle des parties de la personnalité ».

En effet, lorsque nous avons un conflit interne, nous pouvons considérer que nous sommes en présence de deux parties de nous-mêmes qui ne sont pas d'accord parce que chacune d'elles est la championne de l'une des deux valeurs qui s'opposent. Ainsi, l'on peut dire qu'elles ont, toutes les deux, une intention positive qui est de s'assurer que la valeur qui leur paraît importante va être respectée. Par exemple, une partie de moi aimerait bien consacrer une semaine de vacances pour partir faire du ski, tandis qu'une autre pense qu'il vaut mieux rester pour continuer le travail que j'ai entrepris et que je n'ai pas encore terminé. La première recherche le *plaisir et la santé* et la seconde veut *tenir ses engagements*. Chercher à en sacrifier une au profit de l'autre n'est pas la meilleure intervention possible. Il est beaucoup plus efficace de comprendre le point de vue de chacune des valeurs et son rôle dans notre Projet de vie. On pourra ainsi permettre aux deux parties de nous qui s'expriment à travers ces valeurs de coopérer pour mieux le satisfaire. Ainsi, je pourrai comprendre que ces trois valeurs sont importantes et jouent un rôle dans mon

Projet de vie. Dans ces conditions, je cesserai sans doute de me fixer sur le comportement (en effet, à ce niveau, il est impossible d'être en même temps à deux endroits différents !). En revanche, si je réfléchis au niveau de mon Projet de vie et de sa satisfaction, des idées peuvent se présenter à mon esprit. Pourquoi ne partirais-je pas avec un ordinateur portable ? À moins que je ne repousse les vacances de quelques semaines. Je peux aussi décider de partir à la campagne, toujours accompagnée de mon ordinateur et de partager mon temps entre travail et promenades dans la nature avec des amis, etc. La PNL propose plusieurs techniques de résolution des conflits internes basées sur la notion de parties de la personnalité[1].

Par-dessus tout, il est important de comprendre qu'aucun conflit n'est insoluble. En effet, nous cherchons tous à vivre en accord avec notre Projet de vie. Or ce dernier ne comporte pas de contradiction. C'est notre façon d'envisager les choses qui crée le problème et nous pouvons en changer.

Nous venons de constater l'importance de vivre en accord avec nos valeurs et en contact avec le sens que nous accordons à notre vie. Pour que ce soit possible, nous devons passer à l'action.

---

1. Voir à ce propos chez le même éditeur, *Derrière la magie – La Programmation Neuro-linguistique* (écrit en collaboration avec Alain Cayrol) et *L'Esprit de la magie – La Programmation Neuro-linguistique – Relation à soi, relation à l'autre, relation au monde* (en collaboration avec Sylvie Tenenbaum).

5

RÉALISER SON PROJET DE VIE

Les buts, les objectifs et le chemin

NOUS VENONS DE VOIR que l'une des conditions fondamentales pour jouir d'une bonne estime de soi est de poursuivre nos idéaux et de vivre en accord avec notre Projet de vie. Dans le cas contraire, nous avons l'impression de nous trahir gravement. Comment nous estimer si nous ne pouvons pas nous faire confiance à ce niveau essentiel ? Or, le seul moyen pour vivre notre Projet de vie est de le traduire en actions.

LES BUTS : COURT, MOYEN ET LONG TERME

Pour réaliser notre Projet de vie, nous poursuivons des buts. Il y a plusieurs sortes de buts. Nos grands buts ou buts à long terme sont très importants pour nous car ce sont eux qui reflètent le plus directement notre Projet de vie. Avec eux, nous sentons que nous sommes en train de le réaliser. Des personnages célèbres comme Albert Schweitzer, Jules Ferry ou, dans un registre différent, Che Guevara, donnent de bons exemples de ce que peut être un but à long terme satisfaisant le Projet de vie, parce que la ligne directrice restant la même, elle est aisément repérable de l'extérieur. Ainsi j'imagine que l'un des buts à long terme de Jules Ferry pourrait être formulé de la façon suivante : *mettre en place un projet scolaire pour corriger les inégalités sociales.*

Nos buts à moyen ou à court terme ont pour rôle de nous permettre de mener à bien les buts à long terme de façon directe ou indirecte. Un exemple de but à court ou moyen terme pourrait être : « augmenter mon estime de moi en développant mon assertivité » ou « développer une branche de mon activité en province ». Les buts ont donc une durée variable. Lorsqu'ils sont atteints, nous en poursuivons d'autres. Ainsi, il ne faut pas confondre le but à long terme (pour Jules Ferry c'était *la mise en place du projet d'école publique ouverte à tous*) avec le Projet de vie lui-même (qui, dans son cas, inclurait nécessairement le désir de *corriger les inégalités sociales*).

Parfois, il arrive que certaines personnes s'identifient tellement à leurs buts à long terme qu'elles les confondent avec leur Projet de vie. C'est une confusion très grave car elle peut déboucher sur des dépressions ou même des suicides lorsque le but disparaît. Les exemples de ce type de phénomène ne sont malheureusement pas si rares, les plus courants concernant le chef d'entreprise qui prend sa retraite ou la mère de famille qui voit partir de la maison le dernier enfant. Avec leur but de vie disparaissent à la fois leur estime d'eux-mêmes et leur goût de vivre. Pour éviter ce genre de chose, il faut demander aux personnes concernées ce que leur apportait leur activité de réellement important pour eux. On peut ainsi les reconnecter avec leurs valeurs et les aider à conscientiser leur Projet de vie. Il est ensuite possible de trouver quelles autres activités elles vont mettre en place. Ces dernières doivent avoir pour caractéristique de satisfaire les mêmes valeurs que celles qui s'expriment dans leur Projet de vie. Si le chef d'entreprise avait l'impression d'être utile à la communauté, il pourra s'investir dans les affaires de la commune ou prendre une activité bénévole dans une association qui poursuit des buts dans lesquels il peut se reconnaître. Bien des mères de famille « au chômage » satisfont leur désir de *prendre soin*, *d'éveiller l'intelligence* ou de *donner de l'amour* en investissant leur énergie dans des programmes sociaux, en donnant des cours du soir à de petits voisins ou en rendant visite à des personnes hospitalisées. Bien entendu, il ne s'agit que d'exemples, la liste n'est pas limitative et les valeurs qui étaient satisfaites par le rôle que ces personnes jouaient chez elles ou dans leur entreprise ne sont données qu'à titre d'exemples, de même que les moyens pour les satisfaire. Il est d'ailleurs à noter que tout le monde n'a pas besoin d'aide pour effectuer cette reconversion : beaucoup le font spontanément et, en général, de manière intuitive.

LES OBJECTIFS

Pour atteindre nos buts, nous devons mettre en place des objectifs opérationnels. Contrairement aux buts qui peuvent être formulés dans des termes relativement vagues, un objectif est nécessairement *spécifique et concret.* Ainsi, si nous prenons pour exemple le but « développer mon activité en province », un certain nombre d'objectifs doivent être déterminés clairement pour permettre de l'atteindre. Il faudra probablement décider dans quelles villes de province je désire développer cette activité, qui je vais contacter, les démarches à effectuer, et formuler clairement les objectifs que je me fixe à ce propos. Par exemple : *« faire une étude de marché pour déterminer les quatre villes par lesquelles je vais commencer », « trouver les deux agences qui ont les chiffres d'affaires les plus importants dans chacune des villes choisies et prendre contact avec elles »*, etc. Bien entendu, il restera à mettre en place les actions nécessaires à la réalisation de ces objectifs.

La PNL insiste sur un certain nombre de caractéristiques ou critères permettant de déterminer des objectifs réalisables qui nous donneront satisfaction.

La première de ces caractéristiques est *une formulation affirmative.* En effet, savoir ce que nous ne voulons pas ne nous dit rien sur ce que nous désirons mettre en place et focalise précisément notre attention sur ce que nous voulons éviter… ce qui est extrêmement maladroit.

Le second critère est *notre entière responsabilité* vis-à-vis de l'objectif que nous nous sommes fixé. En effet, s'il est compréhensible que nous désirions que notre conjoint soit plus affectueux ou que notre voisin fasse moins de bruit… malheureusement, cela ne dépend pas entièrement de nous. Ce n'est pas pour autant que l'on doive abandonner l'idée d'obtenir un résultat positif dans ces domaines, il s'agit simplement de formuler l'objectif de telle façon que sa mise en œuvre ne dépende que de nous. Par exemple, nous pourrons nous fixer comme objectif de préparer des arguments convaincants et d'avoir une entrevue amicale avec notre voisin dans le but de l'inciter à être plus discret lorsqu'il écoute de la musique à onze heures du soir.

Le troisième critère est *la contextualisation*. L'exemple précédent donne une bonne idée de ce que « contextualiser » veut dire. En effet, si nous travaillons toute la journée, nous ne sommes pas concernés par le bruit que fait notre voisin dans l'après-midi. Nous devons savoir dans quel contexte nous sommes gênés. Ce critère nous permet, en outre, d'éviter les généralisations abusives. Comment faire si nous estimons que le voisin *est* « bruyant » ou que notre conjoint *est* « coincé » ? La contextualisation évite les généralisations abusives qui limitent la perception que nous avons à propos de notre marge de manœuvre. La contextualisation nous incite à repérer le comportement qui nous gêne dans l'environnement et au moment concernés.

La quatrième caractéristique à vérifier est que *l'objectif est réalisable*. Voici un critère qui mérite beaucoup d'attention. Dans un premier temps, il convient de faire la différence entre le terme « réaliste » qui renvoie clairement à la subjectivité de celui qui émet le jugement et le terme « réalisable » qui peut être entendu comme : « qui a déjà été réalisé » ou « dont la possibilité de réalistion n'est pas douteuse ». Malgré cette précaution, ce qui semble réalisable aux uns peut très bien ne pas l'être aux yeux des autres.

Tout d'abord, il est important de rappeler qu'il y a forcément eu une première fois pour tout et que même ce qui n'a jamais été réalisé peut l'être un jour. En revanche, il est des objectifs qui ont objectivement assez peu de chances de succès. Par exemple « acheter la tour Eiffel » ou « se faire enrôler dans les parachutistes » à l'âge de soixante-quinze ans. En ce qui concerne la plupart des objectifs, la motivation joue un rôle essentiel.

Un jour, au cours d'un séminaire, une dame d'âge mûr, psychothérapeute de son état, me posa la question suivante : « Que faites-vous si l'objectif de votre patient est irréaliste ? » Comme je lui demandais de me donner un exemple, elle poursuivit :

« Beaucoup de mes clientes ont passé la soixantaine et veulent refaire leur vie !... (*soupir de commisération désabusée*) En quoi est-ce irréaliste ? » demandai-je naïvement.

Mais voyons, à cet âge-là tous les hommes sont pris et s'ils sont divorcés ou veufs, ils préfèrent les jeunes. C'est logique... d'ailleurs, ils meurent plus tôt que nous, alors il n'y en a plus beaucoup ! Voyez-vous, lui dis-je, si une dame de quatre-vingts ans déclare d'un ton assuré qu'elle a assez pleuré son défunt mari et qu'elle a décidé de se remarier, même si elle n'a pas encore trouvé le fiancé, je croirai davantage au réalisme de son objectif que si une ravissante personne de trente ans vient me dire qu'elle aimerait bien se marier avec la mine déconfite de quelqu'un qui sait à quel point c'est difficile de trouver chaussure à son pied. »

L'une sait comment faire et le fera très probablement. L'autre a déjà échoué et s'attend à continuer.

En matière de réalisme, il est essentiel de tenir grand compte de la motivation, de la détermination et de la confiance que la personne possède envers ses propres capacités.

La cinquième caractéristique d'un objectif bien formulé est *l'écologie*. On peut définir l'écologie comme l'équilibre du système. De nos jours, on parle beaucoup de l'écologie de la planète, c'est-à-dire de la nécessité de lui permettre de retourner à un équilibre naturel. Tout système et en particulier un système humain, puisque c'est lui qui nous occupe ici, a besoin de retrouver son équilibre. Je dis bien retrouver et pas trouver, car l'équilibre se perd et se retrouve en permanence : équilibré ne veut pas dire statique. L'équilibre perpétuel, c'est la mort. À chacun de nos pas, nous perdons un court instant l'équilibre. Nous n'acceptons de basculer le poids de notre corps devant nous avant même que notre pied n'ait touché le sol que parce que nous *savons* que notre jambe est assez solide pour nous soutenir. Ceux qui, après une blessure, ont réappris à marcher comprennent parfaitement ce que je veux dire.

> ☆
>
> Un objectif écologique est un objectif dont nous savons qu'une fois que nous l'aurons atteint, nous aurons retrouvé un point d'équilibre.

Contrairement à ce que l'on pourrait penser quand on n'en a pas l'habitude, tester l'écologie d'un objectif n'est pas très difficile à faire. En général, il suffit de se poser honnêtement une question très simple : « Pourrait-il y avoir un inconvénient à atteindre cet objectif ? » On se donnera ensuite quelques secondes de réflexion avant de répondre. Si on veut être tout à fait sûr, on peut également insister : « Et s'il y avait un inconvénient, quel serait-il ? » ou « Y a-t-il une partie de moi qui n'est pas d'accord avec cet objectif ? » Trouver un inconvénient ou une partie de nous qui a une objection n'oblige pas à abandonner l'objectif mais peut amener à le modifier peu ou prou. Vérifier l'écologie permet de trouver un nouvel objectif ou une nouvelle formulation qui prenne en compte les inconvénients repérés. Dans de telles conditions, les résistances que nous aurions rencontrées si nous n'avions rien vérifié disparaissent et nous avançons vers notre objectif sans retenue.

L'écologie concerne aussi bien notre équilibre interne que nos relations avec les autres : notre vie familiale, sociale ou professionnelle. Ainsi, on pourra préciser : « Pourrait-il y avoir un inconvénient pour moi, dans ma vie familiale, ma vie professionnelle, etc. ? »

Une partie intéressante de l'écologie concerne les bénéfices de la situation présente. En effet, même si nous voulons changer, il y a peut-être des avantages à la situation présente et, consciemment ou non, nous aimerions bien les garder. Parfois, nous nous disons qu'il est impossible d'avoir à la fois « le beurre et l'argent du beurre ». Est-ce si sûr ? C'est peut-être notre métaphore qui n'est pas appropriée !

Un bon exemple de ce que représentent ces différents types d'écologie est donné par cette dame qui ne pouvait pas conduire car elle était agoraphobe. À cause de sa peur, son mari l'accompagnait partout où elle avait besoin d'aller.

Au cours de sa psychothérapie, et comme son angoisse tendait à disparaître, elle manifesta le désir de se fixer pour objectif de conduire elle-même sa voiture pour venir à ses séances. Les questions pour tester l'écologie révélèrent que si elle faisait cela, elle perdrait l'occasion de passer du temps avec son mari qui était quelqu'un d'assez occupé. On se trouve là devant un avantage lié au problème. Par ailleurs, elle craignait de voir son angoisse réapparaître si elle se trouvait seule dans un embouteillage. L'écologie interne n'était donc pas entièrement respectée. De plus, elle soupçonna que cette tâche de chauffeur permettait à son mari de se sentir utile et protecteur et que cet état de choses jouait un rôle dans l'équilibre de leur couple. On se trouvait donc également devant un risque concernant l'écologie familiale. Plutôt que de renoncer purement et simplement à son objectif, elle trouva une solution satisfaisante en demandant à son mari de continuer à l'accompagner pendant qu'elle conduisait. Ainsi, elle n'avait renoncé ni à son objectif (conduire elle-même sa voiture) ni à la compagnie de son mari qui gardait par ailleurs son rôle de protecteur, ni à sa sécurité puisque la présence de son conjoint la rassurait. Finalement, elle formula l'objectif de la façon suivante : « Conduire moi-même pour venir à mes séances de psychothérapie, accompagnée par mon mari. » Elle avait ainsi un objectif écologique, même s'il était clair pour elle que la situation continuerait probablement à évoluer vers une autonomie encore plus grande dans l'avenir. Chaque chose en son temps !

Les personnes qui ont enregistré les caractéristiques précédentes ont pu remarquer que cet objectif ne dépendait pas entièrement de cette dame (elle devait obtenir l'accord de son conjoint). Il était néanmoins recevable car, interrogée, elle avait déclaré qu'elle ne pouvait pas imaginer qu'il refuse une telle solution. Nous sommes, en général, très capables de dire comment les personnes que nous connaissons bien vont réagir dans la plupart des circonstances, si ces dernières ne sont pas par trop extraordinaires.

Pour terminer la liste des caractéristiques ou critères pour un objectif bien formulé, il est nécessaire que ce dernier soit *clair, précis et évaluable*.

Un objectif tel que : « je veux me sentir libre quand ma belle-mère vient nous rendre visite » est formulé de façon affirmative, il dépend de la personne qui se le fixe et il est contextualisé. Il est néanmoins ambigu parce que nous ne savons pas ce que « libre » veut dire. La personne désire-t-elle ressentir une sensation interne qu'elle appelle « liberté » ? Désire-t-elle se sentir libre de vaquer à ses occupations plutôt que de rester à faire la conversation ? Projette-t-elle de lui dire certaines choses qu'elle n'avait pas osé lui dire précédemment ? La liste des possibilités n'est pas close. Cet exemple illustre la nécessité de se demander s'il n'est pas possible de donner plusieurs interprétations à notre objectif tel qu'il est formulé. Un bon objectif est clair. Pour être clair, il doit être suffisamment précis. Ainsi, « augmenter mon estime de soi » peut être considéré comme un but, certainement pas comme un objectif. Ce n'est pas assez précis : qu'est-ce qu'« augmenter », comment cette augmentation se manifestera-t-elle ? De quelle partie de l'estime de soi s'agit-il ? L'une de mes motivations, en écrivant cet ouvrage, est précisément de permettre au lecteur de se fixer des objectifs en lui donnant des précisions sur la nature de l'estime de soi et de la confiance en soi. Ayant établi un diagnostic plus précis dans ce domaine, il sera en mesure de décider de ce dont il a besoin pour atteindre ses buts.

Pour que nous puissions savoir si nous avons atteint nos objectifs, ils doivent être *évaluables*. Cette évaluation peut se faire de diverses façons. Certains objectifs sont objectivement mesurables ; ce qui rend les choses indubitables, tous ne le sont pas. En revanche, il est toujours possible de savoir si et quand nous les avons atteints, que ce soit parce que nous-mêmes et/ou les autres le verrons ou le dirons ou parce que nous le sentirons. Réfléchir aux critères qui nous le montreront nous permet de savoir que nous avons abouti et de nous en réjouir.

☆

Réfléchir à nos buts et à nos objectifs est important. Par-dessus tout, ce que nous devons comprendre, c'est qu'un objectif ou un but ne peuvent être motivants que s'ils sont reliés à nos motivations profondes et que la poursuite de ces motivations fondamentales est indispensable à notre estime de soi.

Le degré de notre motivation est un bon indicateur de la perception parfois consciente, souvent intuitive que nous avons de ce lien direct. Par ailleurs, il est également essentiel de réaliser que, si nous n'agissons pas, nos idéaux resteront lettre morte et notre estime de soi n'en sortira pas grandie.

LE CHEMIN

Nous agissons la plupart du temps en fonction de motivations inconscientes et, tant que tout va bien, il n'est pas forcément nécessaire de les mettre à jour. Notre inconscient, guidé par nos buts de vie, nous souffle les directions à prendre et les actions à mettre en œuvre. Dans ces cas-là, nous n'avons pas l'impression d'avoir à nous fixer des objectifs et nous avons raison. Les choses se font naturellement et nous nous sentons en accord avec nous-mêmes.

Ainsi, certains courants de pensée insistent sur le fait que, dans la mesure où nous évoluons en permanence, nos objectifs sont dépassés avant même que nous ayons le temps de les réaliser et qu'il est bon de « suivre le chemin ». En essayant de « fixer » les choses, on va à contresens d'une adaptation permanente et bénéfique, non seulement aux circonstances mais aux formes que nous voulons donner à l'accomplissement de notre Projet de vie. Dans une interview, Richard Bandler (l'un des auteurs de la PNL) répondit à la personne qui lui demandait ce qu'il ferait dans cinq ans : « C'est la question la plus idiote qu'on m'ait jamais posée. Si je savais ce que je voudrai faire dans cinq ans, je n'attendrais pas cinq ans pour le faire ! » Bien entendu, ce raisonnement peut s'appliquer aux objectifs et aux buts concrets, certainement pas aux « rêves » et aux Projets de vie. C'est précisément lorsqu'on est conscient de ces derniers que l'ont est le plus susceptible de suivre le chemin sans s'« égarer ».

Parfois, cependant, nous n'arrivons pas à savoir ce que nous voulons vraiment et nous avons bien du mal à aller de l'avant ou à trouver l'énergie pour accomplir ce qu'il « faudrait » que nous fassions. Parfois même, tout se passe comme si nous étions « motivés » par le désir de nous jouer de mauvais tours. Dans ces derniers cas, nous avons besoin de retrouver le contact avec ce que nous voulons réellement, de nous assurer que les buts que nous poursuivons ont un rapport direct avec le Projet de vie que nous avons mis à jour. Nous avons aussi besoin de déterminer clairement les objectifs qui permettent d'atteindre ces buts. En faisant ce travail, il n'est pas rare de découvrir quelque conflit ou quelque problème jusque-là caché qui explique nos hésitations, notre manque d'enthousiasme ou nos comportements incongrus. C'est une excellente chose car il est clair que nous ne risquons pas de résoudre un problème que nous sommes incapables de percevoir et que, pour prendre les mesures pour le faire, nous avons besoin de savoir ce que cela nous apportera d'important pour nous.

Au chapitre 2, nous avons évoqué la nécessité d'être en contact avec notre valeur personnelle, indépendamment de nos réalisations, puis nous avons décrit la façon de nous y prendre pour nous accepter tel que nous sommes.

Nous avons également noté qu'une bonne estime de soi suppose la conscience de notre valeur et de notre importance. Nous venons de voir combien il est utile de savoir ce qui est important pour nous, de façon à poursuivre des buts qui nous sont propres et de vivre en accord avec nos valeurs et notre Projet de vie.

Si nous voulons poursuivre notre chemin en restant en contact avec notre estime de soi, nous avons déjà dit qu'il est nécessaire de pouvoir nous faire confiance. Cette confiance repose sur l'acquisition et la mise en œuvre de certaines capacités qui nous permettront de faire face aux circonstances et aux difficultés auxquelles nous serons confrontés.

Nous allons maintenant développer les capacités qui semblent les plus nécessaires pour accomplir cette tâche.

Troisième partie

ACQUÉRIR LES CAPACITÉS NÉCESSAIRES POUR COMPTER SUR SOI ET FAIRE FACE AUX DÉFIS DE LA VIE

« Nous voyons qu'un petit mouvement presque imperceptible du gouvernail a le pouvoir de faire virer un navire merveilleusement grand et très lourdement chargé, en dépit du poids d'eau qui fait pression sur chacune des planches et malgré les vents impétueux qui gonflent ses puissantes voiles. »

Léonard de Vinci

« Le possible est juste un petit peu après l'impossible. »

Jacques Salomé

6

VIVRE ÉVEILLÉ

Ouvrir les portes de la perception

À PRIORI, L'IDÉE DE VIVRE « ÉVEILLÉ » peut paraître surprenante. Nous croyons l'être une bonne partie de la journée. En sommes-nous si sûrs ?

Ne nous sommes-nous jamais surpris à chercher nos lunettes… que nous avions sur le nez ? À moins que ce ne soient nos clés dont nous sommes sûrs que nous les avions mises dans notre poche il y a seulement cinq minutes. Nous avons dû les poser quelque part « machinalement » ! À moins que nous n'ayons oublié de démarrer au feu vert parce que nous rêvassions ? C'est l'automobiliste derrière nous qui nous a « réveillé », lui qui ne dormait pas… à ce moment-là ! Combien de fois avons-nous vécu ce genre de situation ?

QU'EST-CE QUE « VIVRE ÉVEILLÉ » ?

Cette introduction n'a pas pour but de nous culpabiliser à propos de nos « absences », elle sert simplement à mettre en évidence le fait que nous accomplissons une partie non négligeable de nos activités quotidiennes en état hypnotique. Est-ce ou non une bonne chose pour notre estime de soi? C'est ce qu'il nous appartiendra de déterminer dans ce chapitre.

Nous apprenons tous à l'école que nous avons cinq sens : la vue, l'ouïe, le toucher, l'odorat et le goût. Ces cinq sens nous permettent d'appréhender le monde qui nous entoure. Nous sommes rarement conscients que cette appropriation du monde est *active* et *subjective*. Nous avons plutôt tendance à croire que les informations « nous arrivent » sans que nous ayons quelque chose à faire et nous croyons aussi que ce sont les mêmes informations qui sont également perçues par les personnes qui se trouvent avec nous. Bien entendu, il n'en est rien. Il suffit pour s'en persuader d'écouter les témoignages de diverses personnes à propos d'un événement qui vient de se produire. Nous avons tous eu l'occasion de rappeler à l'un de nos proches un incident passé que nous avions vécu ensemble et d'entendre, médusés, à quel point sa version diffère de la nôtre. Cela vient du fait qu'il n'avait pas *prêté attention* aux mêmes choses que nous. Il se peut aussi que, de surcroît, il ait interprété différemment les choses et qu'il se souvienne davantage de ses déductions que des faits eux-mêmes.

☆

Il convient de ne pas confondre les faits observables et les déductions que nous en tirons. Ces dernières ne sont que des interprétations personnelles.

Cependant, même si nous prenons ceci en considération, il demeure que nous *choisissons* (en général inconsciemment) d'observer certains faits plutôt que d'autres. C'est inéluctable, en effet, les faits observables dans une situation donnée sont très nombreux et, de plus, tous ne sont pas nécessairement intéressants compte tenu des objectifs que nous poursuivons. Nous devons donc choisir. Ainsi, si nous nous trouvons dans une administration pour effectuer une opération, il n'est pas forcément nécessaire de remarquer la couleur des murs, la coiffure de la caissière, la conversation de la personne qui est au guichet proche du nôtre, le bruit des voitures qui passent dans la rue ou l'odeur de poussière qui imprègne les lieux (encore que nous en ayons généralement le temps). La sélection que nous effectuons peut donc être tout à fait pertinente. Dans la mesure où nous laissons souvent notre inconscient en décider, ce n'est pas toujours le cas et il nous arrive de laisser de côté des informations pertinentes, simplement parce qu'elles sont désagréables, effrayantes ou qu'elles contredisent une opinion déjà établie ! Parfois, elles nous seraient pourtant très utiles, mais notre inconscient se sert, pour effectuer la sélection, de critères qui ne sont pas forcément ceux que nous utiliserions *rationnellement*. Ainsi, nous ne remarquons pas le gros nuage noir et nous nous focalisons sur le coin de ciel encore bleu, sous prétexte que nous préférerions qu'il continue à faire beau. Notre souhait n'empêchera pas le nuage de progresser si les vents le poussent et notre « éveil » nous permettrait de prendre un parapluie. Bien entendu, cet exemple est également vrai au figuré !

Le lien avec notre estime de soi est assez clair : si nous évitons de percevoir les faits qui nous dérangent, nous nous mentons à nous-mêmes et ce n'est pas ainsi que nous allons gagner une bonne réputation à nos propres yeux. D'autre part, si nous élaguons par trop les informations qui sont à notre disposition, nous allons manquer de données utiles pour prendre des décisions pertinentes.

☆

Observer est la base même de notre capacité à relever les défis de la vie.

ICI ET MAINTENANT

Observer suppose d'être présent, « ici et maintenant ». Les philosophies orientales insistent sur la nécessité de vivre dans le moment présent et le développement de la conscience est pour elles le point focal de l'accomplissement de soi. Le Bouddha est d'ailleurs appelé « le grand éveillé ». Or, nous l'avons vu précédemment, la conscience n'est pas une faculté automatique. Utiliser consciemment notre capacité à percevoir les faits mérite (et demande) un entraînement. Très souvent, nous aurions tout intérêt à réapprendre à observer plus attentivement dans les différents canaux qui sont à notre disposition. Réapprendre et non apprendre, car le bébé est un observateur curieux et attentif. C'est au cours de notre éducation que nous « désapprenons ».

De plus, vivre éveillé, utiliser sa conscience, ne signifie pas seulement être attentif aux faits observables à l'extérieur de nous. *La conscience est aussi la « connaissance des phénomènes affectifs, intellectuels et volitifs qui se passent en nous »* (définition de la conscience psychologique, Larousse). Ceci veut dire qu'il nous appartient de prêter attention à nos pensées, nos sentiments et aussi à nos besoins, nos désirs, nos aspirations. Certaines personnes portent toute leur attention sur l'extérieur et considéreraient qu'un tel intérêt porté à soi-même est malsain ! Il est important de comprendre que les informations qui nous viennent de l'extérieur ne sont pas intéressantes « en soi », elles le sont parce qu'elles représentent des données *pertinentes pour nous et en fonction de nos objectifs présents et futurs*. Si une personne ne sait pas ce qu'elle veut, ni ce qu'elle ressent et si, de surcroît, elle n'a pas conscience des processus de pensée qui l'ont amenée à prendre telle décision plutôt que telle autre, en fonction de tel contexte et pour tel résultat, on peut se demander à juste titre comment elle va pouvoir utiliser intelligemment les informations qui lui parviennent de l'intérieur et qui « tient la barre » dans sa vie. Il est surprenant de constater que, bien souvent, l'action et la réflexion sont présentées comme antinomiques. Il y aurait des « hommes et femmes d'action » et des personnes qui passeraient leur temps à « se regarder le nombril ». À cause de cela, ces dernières ne feraient « rien ».

☆

L'action et la réflexion ne sont pas antinomiques. Bien au contraire, l'observation externe et interne conjuguées fournissent les données nécessaires à l'action. S'observer et prendre en compte ce que l'on observe permettent en outre de savoir ce que l'on veut et donc ce pourquoi l'on agit !

Le défi consiste à vivre dans le présent en intégrant observation, réflexion, décision et action et ce, sans pour autant perdre de vue le contexte plus large qui donne un sens à l'expérience présente. C'est grâce à ce processus que nous pouvons prendre des décisions appropriées et satisfaisantes — fussent-elles minimes — en toute conscience, pour notre plus grand bénéfice. Observer, être ici et maintenant, en contact avec soi-même et utiliser ces données pour réfléchir et agir consciemment n'est pas réservé aux circonstances exceptionnelles ni aux « grandes » décisions. Lorsque, décidé à passer une excellente soirée avec notre conjoint, nous nous laissons entraîner, sans même nous en apercevoir, dans une argumentation stérile et pénible à propos de l'assaisonnement des spaghettis ou de l'endroit où la voiture a été garée, nous démontrons ce que l'absence de conscience peut produire dans notre vie : un gâchis regrettable !

☆

Certains faits observables sont particulièrement intéressants à étudier, ce sont les conséquences de nos actions. En effet, ils constituent une « information en retour » (feed-back) qui nous permet d'apprendre et de réajuster ce que nous faisons afin d'obtenir les résultats désirés.

Autrement, nous nous adaptons. Ce processus est celui-là même qui permet d'évoluer en permanence. Ce n'est qu'à ce prix que nous resterons efficaces pour faire face aux différentes circonstances de la vie et que, par conséquent, nous affermirons notre estime de soi. Attention, s'adapter en tenant compte des informations en retour ne signifie pas faire ce que nous croyons que les autres attendent de nous. La décision finale nous appartient et doit être la nôtre. Cela ne signifie pas non plus devenir opportuniste ou cynique. Parmi les données internes les plus importantes à prendre en compte se trouvent nos valeurs et le sens que nous donnons à notre vie.

LES EMPÊCHEURS DE VIVRE ÉVEILLÉ

Nous l'avons vu, nous passons une partie non négligeable de notre temps dans un état de conscience que nous pouvons qualifier de « pilotage automatique » ou d'hypnotique. Cet état de chose n'a pas que des inconvénients. L'automatisation de ce que nous avons appris est un phénomène naturel qui peut être très avantageux. Ainsi, il ne nous est plus nécessaire de donner toute notre attention au laçage de nos chaussures ni d'ailleurs à aucune des tâches que nous accomplissons répétitivement ou des activités que nous savons faire une fois pour toutes. Cette automatisation a l'avantage de nous libérer l'esprit pour réfléchir ou apprendre des choses nouvelles. Le problème survient lorsque, par un phénomène de généralisation abusive, nous sommes capables de passer une bonne partie de la journée à accomplir ce genre de tâches sans pour autant l'avoir décidé, sans pour autant réfléchir à quoi que ce soit qui mérite que nous nous libérions l'esprit et, malheureusement, sans profiter de notre existence.

Prenons un exemple. Si je fais une promenade dans la nature, j'ai le choix de mon attitude. Je peux rester ici et maintenant et jouir de la douceur de l'air, de la beauté du site et du chant des oiseaux. Par ailleurs, je peux en profiter pour avoir une intéressante conversation avec la personne avec laquelle je me promène (et je perdrai peut-être une partie de l'agrément de l'environnement). Une autre option consiste à utiliser ce moment pour réfléchir aux diverses solutions qui s'offrent à moi pour résoudre un problème qui me préoccupe. Je peux enfin occuper le temps en ressassant les motifs d'insatisfaction de mon existence présente et à venir, ou encore rêvasser en laissant mon inconscient dérouler le film de mon cinéma interne.

Nous sommes rarement conscients qu'il s'agit là d'un choix. Mon propos n'est pas de dire qu'il y a de bons et de mauvais choix, car tout dépend du but que nous poursuivons. Je veux simplement faire remarquer que vivre consciemment suppose une décision à propos de ce à quoi nous prêtons attention car nous ne pouvons pas tout prendre en compte à tout moment. Nous avons donc à décider si nous laissons, ou non, le pilotage automatique opérer et à savoir pourquoi nous prenons cette décision. Bien entendu, nous avons également à décider des informations pertinentes à observer, en fonction de nos objectifs.

Il existe une autre catégorie d'obstacles qui nous empêchent de vivre consciemment. Il s'agit des aveuglements que nous produisons inconsciemment (ou semi-consciemment), pour nous protéger.

UN MONDE PRÉVISIBLE ET SUFFISAMMENT STABLE

La première protection que nous mettons en place est celle de notre vision du monde (ou modèle du monde). En effet, nous avons besoin de références sur lesquelles nous appuyer, c'est-à-dire d'une certaine stabilité. Personne n'a envie de remettre, chaque matin, toutes ses croyances en question. Nous protégeons donc cette construction personnelle, à la fois utile et fragile, qu'est notre représentation du monde. À cet effet, nous avons tendance à observer en sélectionnant dans l'environnement les faits qui viennent à l'appui de ce que nous croyons déjà, plutôt que ceux qui infirment nos convictions. Poussé à l'extrême, ce phénomène est gravement limitant et conduit à une attitude rigide et sclérosante. Nous avons tous besoin d'intégrer des informations nouvelles et d'évoluer.

Parmi ces omissions inconscientes qui nous protègent, nous pouvons donner une place particulière aux faits qui nous dérangent parce qu'ils nous déplaisent ou nous effraient. Les humoristes utilisent souvent ce phénomène de déni pour nous faire rire. Ainsi, Raymond Devos joue avec un sérieux désopilant le rôle d'un monsieur qui se plaint que son meilleur ami passe beaucoup de temps chez lui quand il n'y est pas, utilise sa pipe, ses pantoufles, son pyjama, et conclut par un « et pourquoi pas ma femme pendant qu'il y est ! » indigné.

Une autre façon de ne pas vivre consciemment est d'utiliser de drogues en tout genre : alcool, drogues « dures » et drogues « douces » psychotropes, anxiolytiques, somnifères, etc. La consommation de ces substances coupe l'utilisateur de sa capacité d'observer les choses telles qu'elles sont. En général, c'est précisément à cet effet qu'elles sont prises. Les Français sont, hélas, les plus gros consommateurs d'alcool ! Nous détenons aussi les records en ce qui concerne les anxiolytiques et autres barbituriques. Que penser d'une médecine qui opère sur l'assertion que la meilleure (la seule ?) solution consiste à empêcher le « patient » d'être en contact avec ce qui le dérange ? La politique de l'autruche est-elle vraiment efficace ? On peut peut-être en douter.

Je tiens à préciser que je ne suis pas en train de condamner en bloc la fréquentation des médecins et la consommation éventuelle de ces substances. Je connais beaucoup de médecins concernés par le bien-être global de leurs patients et qui encouragent la conscience. Il paraît que le vin rouge contient des tanins qui sont très bons pour la santé et certains psychologues (par exemple Timothy Leary ou Stanislas Groff) ont effectué avec des drogues diverses des expériences fort intéressantes sur les états modifiés de… conscience !

Tout ceci plaide, une fois de plus, pour une attitude consciente devant les faits, qu'ils soient externes ou qu'il s'agisse des faits observables de notre « réalité interne », ainsi que devant les décisions à prendre. Nous sommes déjà au royaume de la responsabilité personnelle. Ce sera précisément l'objet du chapitre suivant.

Cet ouvrage ayant un caractère pratique, nous avons encore à donner quelques pistes pour développer notre capacité d'observer pour vivre éveillé.

PRATIQUER L'ÉVEIL DE LA CONSCIENCE

La lecture de ce qui précède vous a probablement donné des idées à propos des meilleurs moyens pour vivre éveillé. Si vous désirez vous entraîner à développer les facultés nécessaires pour vivre encore plus consciemment, les exercices suivants peuvent vous y aider.

Un exercice célèbre de Gestalt Thérapie

La Gestalt Thérapie a été élaborée par Fréderic, dit « Fritz » Perls (mort en 1970). Son approche met l'accent sur la nécessité d'expérimenter pleinement les différentes dimensions du présent, selon l'expression fameuse : « ici et maintenant ».
Les Gestaltistes utilisent beaucoup cet exercice qui permet de rester en contact avec ce qui est observable aussi bien à l'extérieur qu'à l'intérieur de soi.

En ce moment, je suis conscient(e) de...

Pour effectuer cet exercice, nous avons besoin d'un partenaire. Nous nommerons A et B les deux personnes qui travaillent ensemble.
– A et B s'asseyent face-à-face, entrent en contact avec le regard et continuent à se regarder sans discontinuer tout au long de l'exercice.
– Tour à tour, chacun dit :
« En ce moment, je suis conscient(e) de... » (Nous pouvons être conscients de ce que nous observons de façon visuelle, auditive, tactile, olfactive, etc., soit chez l'autre, soit dans l'environnement, ainsi que de nos propres sensations, sentiments, images ou dialogue internes. Attention, dans la mesure où nous ne quittons pas l'autre

des yeux, nous ne pouvons observer l'environnement visuel que de façon périphérique.)

Voilà quelques exemples :

A : « En ce moment, je suis conscient que tu souris. »

B : « En ce moment, je suis consciente des bruits de voix autour de nous. »

A : « En ce moment, je suis conscient que j'ai les mâchoires crispées. »

B : « En ce moment, je suis consciente que tu as bougé les mains. »

A : « En ce moment, je suis conscient d'avoir pensé que c'est long ! »

B : « En ce moment, je suis consciente d'avoir chaud. »

Etc.

L'exercice dure cinq minutes en tout. Cela paraît en général long à une personne non exercée. Pour qu'il soit d'une quelconque utilité, il doit être effectué « dans les règles » et, en particulier, celles de :

– garder le contact visuel tout au long de l'exercice ;

– commencer toutes ses phrases par : « En ce moment, je suis conscient(e) de... » ;

– éviter tous commentaires, digressions et plaisanteries (qui sont des moyens pour éviter de faire l'exercice).

À la fin de l'exercice, on peut remercier son partenaire pour sa coopération !

Observer avec nos cinq sens

Choisissez un « champ d'observation », par exemple un lieu agréable dans la nature ou tout simplement un endroit dans votre appartement ou votre bureau. Commencez par délimiter votre champ d'observation visuelle. Détaillez ensuite tout ce qu'il est possible de voir dans ce champ en le nommant. Prêtez ensuite attention aux sons qui vous parviennent et nommez-les. Repérez ensuite les odeurs : êtes-vous capable d'en déceler plusieurs ? Choisissez maintenant un objet à explorer : son poids, sa température, sa forme quand vous le touchez, sa consistance, etc. Cet exercice peut aussi être fait sur le plan gustatif (éventuellement à un autre moment) : prêtez une attention consciente à ce que vous mettez dans votre bouche : consistance, température, odeur, saveurs différentes, évolution de la sensation au fur et à mesure que vous mâchez, sensation lorsque vous avalez une bouchée.

N.B. : Cette dernière partie de l'exercice est excellente pour tous, mais peut présenter un avantage particulier pour les personnes qui veulent perdre du poids. En effet, l'une des caractéristiques des personnes qui mangent trop et/ou qui ont un surpoids est qu'elles mangent en état hypnotique ! Le résultat négatif est garanti, à court ou à plus long terme, qu'il soit en termes de kilos en trop ou de problèmes de santé (notamment digestifs).

PRATIQUER LA MÉDITATION

Pour obtenir de bons résultats avec la méditation, une pratique assidue est recommandée. Contrairement à ce que de nombreuses personnes imaginent, la méditation ne consiste pas nécessairement à faire le vide dans son esprit en permanence. Elle apprend à se dissocier des pensées qui l'occupent et permet de les « regarder passer » sans s'y arrêter, sans leur attribuer une importance exagérée et sans nous culpabiliser de les avoir produites. C'est une façon d'arrêter pour un moment notre « cinéma interne ». Certains types de méditation remplacent le cours erratique de nos pensées non dirigées par la récitation d'un « mantra » (phrase ou mot choisi à l'avance) et/ou l'attention à la respiration.

En ce qui concerne notre préoccupation : vivre éveillé, elle nous permet d'apprendre à maîtriser notre vie intérieure et de nous ouvrir à d'autres dimensions de la conscience.

L'exercice suivant est inspiré des enseignements d'Edgar Cayce qui, au début de ce siècle, a posé les bases de la médecine holistique, incluant notamment la pratique de la méditation dans ses recommandations pour une bonne santé à tous les niveaux.

Le silence magique

– S'installer dans un endroit tranquille où l'on ne sera pas dérangé. Fermer les yeux et diriger son attention à l'intérieur.
– Centrer son attention sur sa respiration et changer son rythme respiratoire en le ralentissant légèrement.

– Prononcer le mantra suivant : « Écoute le silence (en inspirant) et reste en contact avec la conscience universelle* (sur l'expiration). »
– Inspirer et expirer en silence.
– Reprendre le mantra.
– Inspirer et expirer en silence.
Il est souhaitable d'augmenter le nombre de respirations en silence autant que possible (deux, puis trois, etc.). À mesure que l'on prend l'habitude de méditer, on s'apercevra qu'il est possible de pratiquer plusieurs respirations sans pensées parasites avant de reprendre le mantra. Il n'y a pas de limites de temps pour méditer. On peut commencer par une dizaine de minutes deux fois par jour et augmenter progressivement ce temps. Vingt minutes deux fois par jour est souvent présenté comme une durée efficace et reste assez réaliste pour une personne en pleine activité.

* Le terme « conscience universelle » peut être remplacé par d'autres expressions de la même idée, « conscience divine », « Dieu », « grand esprit », « univers », « esprit universel », « amour universel »... en fonction de ses convictions et de sa sensibilité.

Pratiquer l'éveil de la conscience est indispensable à l'estime de soi, ce n'est pourtant pas suffisant. Si nous disposons ainsi d'une base de données pour agir, nous devons prendre la responsabilité de ce que nous allons faire.

7

ASSUMER SA RESPONSABILITÉ

Retrouver le pouvoir et la liberté

LA NOTION DE RESPONSABILITÉ PERSONNELLE est liée à la notion de liberté.

Si nous comparons notre degré de liberté à celui de certains animaux, il semble nettement supérieur. En fait, plus les animaux sont simples, plus leurs actions sont génétiquement déterminées. Ainsi, une amibe dispose de peu de choix et même le comportement des sociétés animales sophistiquées comme celles des fourmis ou des abeilles se reproduit de façon exactement semblable d'une fourmilière à l'autre ou d'une ruche à l'autre. Le libre arbitre de la fourmi ou de l'abeille n'est pas bien grand ! Moins les animaux ont de conscience, moins ils ont de liberté et moins ils ont de responsabilité. Au contraire, la grande majorité des actions de l'être humain n'est pas programmée à la naissance ; il a donc besoin de son cerveau pour réfléchir et il a le choix de ses comportements. Il en a donc la responsabilité.

DE QUOI SOMMES-NOUS RESPONSABLES ?

Bien entendu, postuler une responsabilité personnelle est une position philosophique, position qui se situe aux antipodes du déterminisme ou du « fatalisme ». Si nous postulions que tout est écrit à l'avance, nous ne serions pas responsables de la conduite de notre vie : quoi que nous fassions, notre destin nous pousserait dans une direction que nous ne choisirions pas. Il ne nous resterait plus qu'à attendre philosophiquement qu'il s'accomplisse. En revanche, si nous acceptons l'idée que nous détenons une certaine marge de manœuvre, c'est-à-dire une certaine liberté, alors nous héritons subséquemment d'une part correspondante de responsabilité. C'est, bien entendu, la position que nous adoptons. En effet, nous avons déjà constaté que *les hypothèses que nous posons déterminent les résultats que nous obtenons*. Si nous croyons que l'estime de soi est génétiquement programmée, à quoi bon chercher à l'augmenter !

Chaque hypothèse a ses avantages et ses inconvénients, et il n'est pas toujours confortable de postuler le libre arbitre. Il peut parfois paraître rassurant de prétendre que nous n'avons aucun pouvoir sur notre vie et de laisser les autres ou les « circonstances » décider pour nous. Nous échappons ainsi aux affres de choix cornéliens et à la culpabilité si nos actions ne donnent pas les résultats positifs que nous escomptions. C'est, à l'évidence, une position dangereuse car elle nous laisse démuni de tout pouvoir et en particulier de celui de diriger notre vie vers ce qui nous semble désirable. Outre qu'elle a (très souvent) le don d'irriter les autres, la position de victime impuissante est, en général, peu gratifiante !

Nous allons maintenant chercher à déterminer à quels niveaux se situe notre responsabilité.

Nous sommes responsables de ce que nous percevons

Dans le chapitre « Vivre éveillé », nous avons constaté que nous étions en partie responsables de ce que nous percevons. En effet, même si nous adoptons l'idée que nous ne choisissons pas toujours notre environnement et que ce qui s'y passe ne dépend pas entièrement de nous, nous avons vu que nous opérons une sélection. C'est-à-dire que, en général inconsciemment, nous choisissons ce que nous voyons et ce que nous ne voyons pas, ce que nous entendons et n'entendons pas, ressentons et ne ressentons pas, et ainsi de suite. Il arrive que ce « refus » de percevoir prenne des proportions inquiétantes.

Dans la famille de Claude, lorsqu'il était enfant, le père était alcoolique. C'était un sujet tabou et personne ne l'abordait. Il se souvient d'un jour où, rentrant totalement ivre au moment du dîner, ce dernier s'assit à côté de sa chaise et s'écroula par terre pendant que sa mère continuait à parler « calmement » du sujet qu'elle avait abordé avant l'« incident ».

Nos aveuglements sont rarement aussi spectaculaires, ils nous privent néanmoins des informations dont nous avons besoin pour prendre nos décisions à partir des faits. C'est une des raisons pour lesquelles, il est bon de rester « éveillé », même si ce n'est pas toujours une solution de facilité.

Nous sommes responsables de nos interprétations

Ce que nous percevons est de l'ordre des faits : c'est ce qu'il est possible de voir, d'entendre, de toucher, etc. Or il est impossible de nous en tenir à la simple perception des faits, nous avons besoin de leur attribuer un sens, de réfléchir. Cette attribution de sens est une interprétation qui nous est personnelle. En effet, il est toujours possible de donner à un fait, ou à un ensemble de faits, une signification différente. Il est naïf d'imaginer que nous avons nécessairement « raison » et que ceux qui ne « voient » pas les choses comme nous se trompent. Nous faisons très souvent une confusion entre faits et interprétations. Par exemple, il n'est pas rare d'entendre dire quelque chose comme : « Il a englouti son steak en un temps éclair : il avait très faim » par quelqu'un qui est persuadé qu'il a décrit des faits. Bien entendu, il n'en est rien : « un temps éclair » est une interprétation, de même que « il avait très faim ». Les faits se bornent à : « Il a mangé son steak en deux minutes et quinze secondes ». Elle a jugé que c'était un temps *éclair* et en a déduit qu'il avait *très faim*. C'est très possible mais ce n'est aucunement certain. Peut-être a-t-il l'habitude de manger très vite, peut-être compare-t-elle avec sa famille où l'on mange plus lentement ? Etc.

La seconde raison pour laquelle nous sommes susceptibles de ne pas prendre la responsabilité de nos interprétations est la certitude que ce sont les seules possibles. Tel fait signifie telle chose. Seules les personnes qui manquent de jugement (ou d'informations) pensent autrement. C'est la position : « Je détiens la vérité, vous êtes dans l'erreur. » La plupart des discussions à n'en plus finir sur la « véracité » d'une opinion sont stériles et parfaitement inutiles. Il est beaucoup plus intéressant de réfléchir en termes de conséquences de nos hypothèses. Un bon exemple de l'impact de ces dernières se situe au niveau du possible et de l'impossible.

☆

Ce n'est pas tant l'avancement de la technologie qui a permis de marcher sur la Lune. C'est avant tout l'idée que c'était peut-être possible. Tant qu'on croit une chose inaccessible, on ne tente pas de la réaliser.

Bien entendu, je ne prétends pas qu'il suffit de croire une chose possible pour qu'elle le devienne. En revanche, si nous n'envisageons pas la possibilité d'une entreprise, nous ne ferons rien et nous n'atteindrons aucun résultat.

Par ailleurs, nos interprétations des faits conditionnent ce que nous ressentons et, subséquemment, notre comportement. Si je considère les aléas de ma vie comme des problèmes ou, qui pis est, comme des problèmes insolubles, je risque fort d'être découragée. En revanche, si je les perçois comme autant d'opportunités pour apprendre et « grandir », je vais certainement ressentir autre chose. Je peux par exemple me sentir motivée ou déterminée.

Je connais une entreprise où, si l'on demande à un collègue : « *Comment ça va ?* » il est susceptible de répondre : « *Oh ! j'ai beaucoup d'opportunités en ce moment.* » Dans la culture de cette entreprise, cela signifie qu'il a un tas de problèmes à résoudre ! Cet euphémisme est une façon de ne pas oublier qu'il vaut mieux penser en termes de solutions à trouver plutôt qu'en termes de problèmes et que le processus même qui consiste à les chercher constitue une façon d'augmenter notre créativité et nos compétences. En outre, les actions que nous serons amenés à mettre en œuvre seront influencées par cet état d'esprit. Certaines personnes ironisent et parlent de « méthode Coué » (avec un mépris que l'œuvre de cet auteur méconnu ne mérite d'ailleurs pas). Une telle réaction suppose qu'elles imaginent qu'il est impossible, donc ridicule, de changer son interprétation des choses (on n'a pas le choix ou il n'y a qu'une seule interprétation possible), ou bien qu'elles jugent préférable de s'en tenir à des interprétations négatives. Aussi étrange que cela puisse paraître, certaines personnes préfèrent réellement choisir une hypothèse pessimiste, par exemple pour ne pas être déçues. Ainsi, si leur enfant ne réussit pas bien quelques devoirs de mathématiques, elles pourront en déduire qu'il n'est pas « doué ». Les inconvénients de ce genre d'interprétation sont multiples : tout d'abord il dispense de prendre les mesures pour que l'enfant se mette à niveau : on est doué ou on ne l'est pas ! Ensuite, il va probablement fonctionner comme une prophétie qui se réalise : l'enfant qui, par ailleurs, risque fort d'adopter cette croyance, a peu de chance de progresser ! S'il pense qu'il n'*est* pas doué, c'est son identité qui est en cause. Pourquoi se fatiguer à apprendre ? Nul n'aime dépenser de l'énergie en pure perte ! bien entendu, toute interprétation avec le verbe *être* présentera le même inconvénient (par exemple, « il *est* paresseux »).

RESPONSABILITÉ ET SENTIMENTS

L'opinion la plus répandue est que nous ne sommes pas responsables de nos émotions et de nos sentiments. S'il est exact qu'il est difficile de décider consciemment de ce que nous allons ressentir à un moment donné, il convient néanmoins de nuancer ce point de vue. Tout d'abord, nous venons de voir que nos interprétations ont une influence évidente sur ce que nous ressentons, or nous sommes responsables de nos interprétations. Nous ne sommes pas obligés de tenir pour vraie la première qui nous vient à l'esprit, si elle provoque chez nous des sentiments indésirables. Si l'un de nos collaborateurs est en retard pour nous rendre un dossier urgent et que nous pensons immédiatement qu'il se moque de nous (ce qui, bien sûr, nous met en colère), nous pouvons prendre du recul vis-à-vis de cette opinion. Après tout, rien n'est moins certain et il y a de nombreuses raisons pour rendre un dossier en retard... Ajoutons que le fait que ce ne soit pas la première fois ne constitue pas non plus une preuve.

Si nous adoptons cette attitude plus modeste quant à nos conclusions hâtives, il y a de fortes chances pour que nous gardions notre calme et que nous envisagions des mesures raisonnables pour résoudre le problème qui se pose. Nous serons alors beaucoup plus efficaces pour trouver des solutions.

Dans certains cas, notre interprétation des faits n'est pas en cause. Elle est exacte, par exemple parce qu'il n'y a pas d'ambiguïté possible ou parce que la personne, interrogée, confirme notre opinion. Il nous faut donc trouver une autre solution pour changer d'humeur. Nous savons tous qu'il est très facile de passer d'un état interne (par exemple, la tristesse) à un autre (par exemple, la colère ou la joie). En général, nous croyons que c'est un événement fortuit qui « produit » ce changement. Ainsi, nous sommes moroses et nous apprenons une excellente nouvelle ou une facétie nous fait rire. Bien entendu, ce n'est pas l'événement extérieur qui peut, en lui-même, engendrer ce changement. S'il en était ainsi, un événement donné aurait exactement le même impact sur toutes les personnes présentes. Nous savons bien qu'il n'en est rien. Encore une fois, c'est notre propre réaction à cet événement qui provoque notre changement d'humeur. Nous pouvons donc modifier notre état interne nous-mêmes, par exemple en focalisant notre attention sur quelque chose d'autre. Si nous assistons à une scène pénible et que nous ne pouvons rien faire (par exemple, nous voyons un accident sur la route et les secours sont déjà là), nous pouvons y penser toute la journée et nous faire du souci pour ceux que nous aimons et qui pourraient, eux aussi, avoir un accident, ou centrer notre attention sur les activités qui nous occupent ou sur celles qui nous attendent. Il ne s'agit pas de refuser de penser aux choses tristes ou pénibles, il y a des cas où c'est tout à fait nécessaire. Il est seulement question de comprendre que nous avons la responsabilité de ce sur quoi nous focalisons notre attention et que notre attitude a une influence déterminante sur ce que nous ressentons.

Dans de nombreux cas, ce qui provoque nos émotions et nos sentiments n'est pas un événement extérieur auquel nous ne pouvons rien mais des situations qui engagent notre responsabilité. Nos sentiments sont alors d'excellentes sources d'informations qui peuvent nous renseigner sur l'opportunité de prendre telle décision plutôt que telle autre. L'une des caractéristiques les plus intéressantes de nos états internes est de nous renseigner sur ce qui est vraiment important pour nous dans cette circonstance. Leslie Cameron Bandler a mis au point une méthode d'analyse complète de nos états internes. Cette méthode (que je décris dans mon ouvrage, *Choisir sa vie*) permet de faire de nos états internes une véritable mine d'informations sur nous-mêmes et notre vision du monde. Si nous manquons de temps pour rechercher toutes ces informations, il suffit de se poser quelques bonnes questions à propos de nos critères de satisfaction ou d'insatisfaction dans les circonstances qui nous occupent. Par exemple, si je me sens déçu(e) ou triste, je peux me demander : « Qu'est-ce qui me manque dans cette situation et qui fait que je me sens… (ce que je ressens) ? » Si je suis en colère, je peux m'interroger : « Qu'est-ce qui me choque dans cette situation ? » Nous pouvons ainsi mieux nous comprendre et prendre les mesures appropriées pour satisfaire nos critères ou les changer, en fonction de la situation.

Je me souviens d'un sentiment de colère devant l'attitude d'une secrétaire qui répondait gentiment « oui » à toutes mes demandes… et n'en tenait aucun compte et ne suivait absolument pas mes consignes. Lorsque j'ai pu comprendre que ce qui m'irritait était l'aspect mensonger de ses acquiescements, j'ai réalisé que cette personne ne manquait pas d'honnêteté (le critère violé) mais très probablement de compétence et de suffisamment d'estime de soi pour admettre ses lacunes et avouer qu'elle ne savait pas faire ce que je lui demandais. J'avais toujours un problème… mais j'ai changé d'état interne, ce qui m'a aidé à le résoudre.

Nous sommes responsables de nos comportements

Pour certains, c'est une évidence. Je ne peux pas ignorer ce que je fais, j'en suis donc clairement responsable. Pour d'autres, il n'en est pas de même. Il n'est pas rare d'entendre des expressions comme « je ne l'ai pas fait exprès » ou « j'ai dit n'importe quoi, j'étais en colère, je ne le pensais pas vraiment » (sous entendu : « Tu ne vas pas m'en vouloir pour ça, c'est la faute de ma colère, pas la mienne… et d'ailleurs qui m'a mis en colère, hein ? »).

Même le système judiciaire se pose des questions à propos de la responsabilité des criminels. Il n'y a pas encore si longtemps, la jalousie était invoquée dans les crimes passionnels et assurait presque à coup sûr les « circonstances atténuantes »… à condition d'être un homme, bien entendu. Il ne s'agissait quand même pas d'encourager une disparition massive de la population masculine ! Ainsi, une personne qui ressent fortement un sentiment ne serait plus maîtresse de ses comportements. Postuler l'irresponsabilité peut être une hypothèse très dangereuse sur le plan personnel comme sur le plan social. En effet, si nous rappelons encore une fois que nos croyances déterminent les résultats que nous obtenons, il est clair que nous courons le risque *d'encourager* l'irresponsabilité et la croyance en sa propre impuissance. Dans la plupart des cas, il vaut mieux postuler le contraire et tenir les gens pour responsables de ce qu'ils font. On peut par exemple se poser des questions à propos des expertises et contre-expertises destinées à déterminer si telle personne arrêtée pour le viol et le meurtre d'un enfant (parfois même de plusieurs) est « saine d'esprit » donc responsable, donc passible d'une peine de prison ou « aliénée », donc « irresponsable » donc « bonne à traiter dans un hôpital psychiatrique ». Il me semble assez clair qu'il faut *nécessairement* être très gravement perturbé pour perpétrer de tels crimes ! La question doit-elle vraiment se poser ? En revanche, faut-il en déduire que cette personne n'est pas responsable de ses actes ? Rien n'est moins sûr. On peut avoir grand besoin d'une psychothérapie *et* être responsable (*et* être dangereux, ce qui nécessite des mesures appropriées pour protéger la société). Pour illustrer ce point, je vais partager avec vous une expérience qui a eu un impact important sur mon système de croyance.

J'effectuais à l'époque, en Californie, un stage de formation pour psychothérapeutes dans un centre qui traitait, avec un taux de succès très important, de jeunes schizophrènes (psychotiques ou « fous ») en les « re-parentant ». Il s'agissait de cas « lourds ». Après les avoir fait régresser à un âge antérieur au premier signe de traumatisme (c'est-à-dire très jeunes en général), on leur permettait de grandir une deuxième fois en leur assurant un parentage adéquat. Les règles étaient strictes et les écarts n'étaient pas tolérés. En particulier, il était interdit de manifester un comportement psychotique en dehors des heures de thérapie ! Cela peut paraître stupéfiant, mais cela « marchait ». Ainsi, à titre d'exemple, j'ai vu un jour l'un des thérapeutes faire face à un jeune garçon d'une vingtaine d'années en ces termes : « John, arrête immédiatement de t'agiter, le groupe de thérapie est à cinq heures. C'est là que tu traiteras ce problème. » Aussi surprenant que cela puisse sembler, le jeune homme s'est calmé immédiatement.

☆

Quelle que soit notre position à cet égard, il ne faut pas oublier que choisir d'augmenter sa part de responsabilité équivaut à augmenter d'autant sa part de liberté. En postulant un certain degré de responsabilité, on offre la possibilité d'un degré correspondant de liberté.

Dans le cas que je viens de citer, c'est ce degré de liberté qui rendait la guérison possible.

Dire que nous sommes responsables de nos comportements implique également que nous sommes responsables des résultats que nous obtenons.

Ceci n'est pas forcément évident. En effet, nous pouvons très bien nous trouver dans des situations où des événements indépendants de notre volonté et sur lesquels nous n'avons pas de pouvoir empêchent nos objectifs de se réaliser. Nos résultats dépendent également des autres dans de nombreux cas et nous n'avons pas le pouvoir de les forcer à agir comme nous le souhaitons ! On pourrait donc en déduire que nous ne sommes pas responsables, ou pas entièrement responsables des résultats que nous obtenons. Il n'en est rien.

Si nous n'arrivons pas à avoir ce que nous voulons par un moyen, *il nous appartient d'en trouver un autre.* Un manager qui blâme ses collaborateurs parce qu'il n'obtient pas ce qu'il demande est un manager irresponsable. Il lui appartient de faire le nécessaire pour avoir satisfaction. Peut-être n'est-il pas assez précis dans ce qu'il demande, peut-être les personnes avec qui il travaille ont-elles besoin de plus de formation… C'est à lui de faire le diagnostic et de prendre les mesures nécessaires. Si ces dernières échouent, il lui reste, en dernier recours, la possibilité de changer de collaborateur et cela aussi est de sa responsabilité. Il va sans dire que s'il a des problèmes répétitifs, c'est lui qui a besoin d'apprendre à se comporter différemment… nul ne le fera à sa place !

Parfois, nous n'arrivons pas à obtenir ce que nous voulons parce que nos objectifs sont si peu réalistes qu'il ne sont pas réalisables. Il est clair que, dans ce cas, il nous appartient de nous en rendre compte et de les modifier. Parfois aussi, nous devrons admettre que, dans l'état actuel de nos compétences, nous avons fait tout ce que nous pouvions pour obtenir ce que nous voulions et que nous ne sommes plus prêts à y mettre encore de l'énergie. *Renoncer est aussi de notre responsabilité* !

Bien entendu, nous avons évoqué jusqu'ici la responsabilité des adultes en bonne santé. On sait, par exemple que les humains naissent avec un degré d'autonomie très réduit. Bébés, ils ne sont pas responsables de grand-chose. En grandissant, leur autonomie augmente et, avec elle, leur part de liberté et de responsabilité. De même, on ne peut tenir pour entièrement responsable d'elle-même, une personne handicapée. Il faut néanmoins faire très attention à ne pas généraliser l'irresponsabilité. Ainsi, une personne qui ne peut pas se déplacer reste responsable dans tous les domaines qui ne concernent pas strictement son handicap. Or ce dernier est moteur. On voit trop souvent des personnes bien intentionnées prendre des décisions à leur place ou aller au devant de leurs désirs avec d'excellentes intentions (on sait que l'enfer en est pavé). En général, elles désirent, consciemment ou non, « compenser » l'injustice du sort. À l'évidence, il ne s'agit pas d'une compensation mais d'une infantilisation. Pour être en général involontaire, elle n'en est pas moins dévalorisante et invalidante pour la personne handicapée ainsi que, très souvent, préjudiciable à la relation.

Nous sommes responsables de nos attentes et de la satisfaction de nos désirs

La croyance selon laquelle ce sont les autres qui peuvent (et doivent) prendre soin de nous et faire le nécessaire pour que nous soyons heureux est extrêmement répandue. Même les personnes qui sont intellectuellement convaincues du contraire agissent parfois comme si cette conviction était bien fragile ! Or, *si nous avons des désirs, il est de notre responsabilité de prendre les mesures nécessaires pour les satisfaire.* Les autres ne sont pas là pour deviner ce que nous voulons, encore moins pour faire en sorte que nous l'obtenions.

Personne ne nous « doit » quoi que ce soit. Certaines personnes sont horrifiées lorsqu'on leur dit que chacun est responsable de ses propres désirs et non de satisfaire ceux des voisins (fussent-ils nos proches bien-aimés). Cela leur paraît le comble de l'égoïsme. En fait, il n'en est rien. Il s'agit seulement d'une position de bon sens qui évite bien des problèmes personnels et relationnels. Si je passe mon temps à essayer de faire plaisir à autrui en m'oubliant moi-même, je vais certainement accumuler très vite beaucoup de frustration. Tout d'abord, il y a de fortes chances pour que je donne à l'autre ce que j'aimerais, moi, recevoir. En revanche, il y a très peu de chances pour que ce soit précisément cela qui ravisse la personne concernée au moment précis où elle reçoit mon « cadeau ». Ajoutons à cela que les cadeaux de cet ordre sont rarement gratuits et que l'intéressé le sent plus ou moins confusément. Une personne qui fonctionne avec ce paradigme attend, tout naturellement, qu'on lui rende la pareille, même si elle n'en est pas consciente. Je fais tout mon possible pour te faire plaisir... fais-en autant pour moi ! Si l'autre ne le fait pas ou ne le fait pas « bien », elle se sentira frustrée ou même en colère. Or il est impossible de deviner ce qu'une personne veut vraiment, encore moins à quel moment elle veut telle chose plutôt que telle autre. Les tentatives pour satisfaire autrui en espérant qu'il fera de même pour nous sont donc, à court ou à long terme, vouées à l'échec. En revanche, nous pouvons apprendre à faire plaisir pour le plaisir que cela nous donne à nous, par amour, et tout à fait gratuitement. C'est un apprentissage qui en vaut la peine : aimer est un cadeau en soi et donner gratuitement est profondément satisfaisant. Pour être bien sûr de nous, nous pouvons nous poser une ou deux questions essentielles : « Est-ce que j'attends quelque chose en retour ? Est-ce que je me sentirai frustré(e) s'il (si elle) ne fait pas la même chose pour moi dans des circonstances similaires ou s'il (si elle) ne fait pas telle chose que je lui ai demandée ? » Si nous ne sommes pas certains que la réponse est « non », abstenons-nous, nous ne sommes pas prêts à donner « à fonds perdus » ! Même si l'idée peut paraître étrange au premier abord, tout le monde ne pourra que bénéficier de notre « égoïsme » !

Nous avons aussi besoin d'apprendre à recevoir avec gratitude pour ce que le geste signifie, en nous abstenant de déplorer que l'autre n'ait pas *deviné* ce que nous voulions *vraiment* (ce qu'il aurait certainement fait s'il nous aimait *réellement*). Si nous renonçons à ce type de croyances, nous aurons appris les implications et les limites de notre responsabilité personnelle dans le domaine de nos attentes et nous saurons prendre les mesures pour satisfaire nos désirs, sans espérer passivement la venue du père Noël ou de quelqu'un de sa famille. Loin de promouvoir l'égocentrisme, cette attitude est la seule possible pour aimer réellement autrui car le préalable nécessaire est de s'aimer soi-même et de se prendre en charge.

☆

Nul ne peut avoir une bonne estime de soi sans prendre soin de soi et, en particulier, sans prendre la responsabilité de ses besoins, de ses désirs, de ses attentes et de ses buts, c'est-à-dire de sa vie.

Si une personne ne se sert pas de sa liberté pour faire des choix, elle refuse sa responsabilité d'être humain. Qu'elle le veuille ou non, les « circonstances » ou les autres les feront à sa place. Elle se sentira alors impuissante, peut-être victime, et son estime de soi en souffrira considérablement.

Nous sommes responsables de nos relations avec les autres

Comme nous l'avons dit précédemment, nous ne pouvons pas « forcer » autrui. Cela ne signifie pourtant pas que nous ne sommes en rien responsables des relations que nous entretenons avec les autres. Il est facilement observable que certains s'entendent bien avec la quasi-totalité des personnes qu'ils rencontrent alors que d'autres semblent passés maîtres dans l'art d'avoir des problèmes avec leurs semblables. L'aspect répétitif de la chose permet de comprendre que le résultat qu'ils obtiennent dépend de l'attitude qu'ils adoptent. Blâmer les autres lorsque nous n'arrivons pas à obtenir ce que nous voulons ou tout simplement lorsque nous ne nous entendons pas bien avec eux est une attitude irresponsable et surtout entièrement inefficace. Autant nous avons le pouvoir de changer notre comportement, autant nous n'avons pas celui de diriger le comportement d'autrui ! *La première de nos responsabilités est l'attitude préalable que nous adoptons lorsque nous rencontrons quelqu'un*. Une petite histoire illustre bien ce dont je veux parler.

Un automobiliste joue de malchance et crève un pneu en rentrant chez lui après une dure journée. Malheureusement il se souvient qu'il a prêté son cric. Il ne peut donc pas mettre la roue de secours. Comme il connaît la route, il sait qu'à trois kilomètres de là se trouve une station-service. Furieux de l'incident, en colère contre l'emprunteur et contre lui-même, il avance sur la route en ressassant de sombres pensées : tous les garagistes sont des voleurs, je ne vois pas pourquoi celui-ci me prêterait un cric, il va vouloir me faire la réparation lui-même et me la faire payer très cher, profitant de ce que je n'ai pas le choix, ainsi de suite. Il arrive à la station au comble de l'énervement et jette au garagiste ahuri : « Vous pouvez le garder votre sale cric ! »

Nous le savons déjà, une attitude de confiance en soi et de bienveillance envers autrui est une base nécessaire à toute interaction. Si nous voulons avoir avec les autres de bonnes relations, nous le pouvons. Adoptons cette attitude faite d'estime de soi et de respect de l'autre, écoutons-le attentivement sans essayer de l'interrompre pour donner notre avis, sans le juger et sans le critiquer, soyons clair dans ce que nous communiquons et assurons-nous que nous avons bien compris ce qu'il veut nous dire. Si nous sommes réellement présents, bienveillants et attentifs, si nous ne tentons pas de manipuler l'autre plutôt que de demander clairement ce que nous voulons et si nous n'espérons pas qu'il va prendre soin de nous à notre façon sans que nous ayons besoin de demander quoi que ce soit… il y a réellement peu de chances pour que la relation ne soit pas constructive ! Et si par hasard vous pensez qu'il est bien difficile de se conformer à tout ceci, consolez-vous : tout cela s'apprend et, avec un peu de pratique, nous devenons beaucoup plus performants. Et si, parfois, nous nous accordons quelques petits écarts, consolons-nous aussi : la perfection est un idéal. À ce titre, elle n'est pas faite pour être atteinte mais pour être poursuivie.

Notre responsabilité a néanmoins des limites et les ignorer est dangereux pour nos relations comme pour notre estime de soi. S'il nous appartient à l'évidence de faire le nécessaire pour que nos relations soient satisfaisantes (et nous pouvons beaucoup pour cela), nous ne pouvons pas forcer les autres à se conduire comme nous aimerions qu'ils le fassent ! N'oublions pas qu'ils sont libres, eux aussi, de choisir le comportement qui leur semble le plus approprié à un moment donné. N'oublions pas non plus qu'ils ont, comme nous, leur modèle du monde, leurs limites et que nous arrivons peut-être au mauvais moment !

En conclusion, rappelons que l'estime de soi et la confiance en soi ne sont pas des caractéristiques immuables comme notre taille ou la couleur de nos yeux.

Nous sommes donc responsables de faire le nécessaire pour les augmenter, si nous n'avons pas encore atteint notre idéal dans ce domaine !

Assumer sa responsabilité : entraînement pratique

– Pensez à une circonstance au cours de laquelle vous n'avez pas assumé votre responsabilité. Par exemple, vous avez laissé quelqu'un d'autre décider à votre place, ou bien vous avez refusé d'accepter la responsabilité de l'une de vos actions, ou de son résultat.
– Revoyez la suite des événements sur votre écran mental, souvenez-vous de votre attitude, de ce que vous ressentiez.
– Réfléchissez à d'autres moyens pour gérer cette situation en reprenant, avec votre responsabilité, votre liberté, le pouvoir sur votre vie et l'estime de soi qui en découlent.
– Lorsque vous avez trouvé une solution qui vous convient, les phrases que vous allez dire, les actions que vous allez entreprendre, revivez la scène en imagination, comme si vous y étiez.
– Pensez à ce que vous avez appris et à la manière dont vous allez vous comporter désormais dans des circonstances similaires.

Cet exercice peut être fait avec profit autant de fois que nécessaire avec des exemples passés. Vous apprendrez ainsi à vous comporter naturellement de façon responsable et vous augmenterez ainsi votre estime de soi. Il peut également être réalisé avec un partenaire qui vous guide au cours des différentes étapes et observe vos réactions non verbales. Vous pouvez ensuite changer les rôles.

8

SAVOIR S'AFFIRMER

Être honnête avec soi et avec les autres

S'AFFIRMER, C'EST FAIRE VALOIR SES DÉSIRS, ses besoins, ses opinions et ses valeurs et agir en accord avec eux, sans concessions inutiles ni agressivité. Une expression imagée permet de comprendre ce qu'est l'affirmation de soi : ni hérisson ni paillasson ! Bien entendu, une telle attitude suppose que nous attachons de l'importance à nos valeurs et à ce que nous voulons.

L'affirmation de soi, appelée également « assertivité » (*assertiveness*, en anglais) est aussi une approche de développement personnel qui nous vient des États-Unis. Elle développe l'observation des diverses attitudes possibles devant les situations stressantes, leur intérêt et leurs inconvénients respectifs. Ces attitudes sont la fuite, la paralysie, l'attaque, la manipulation et l'affirmation de soi.

Il est clair que, devant un « danger », chacune de ces solutions peut avoir des vertus et des limites. Tout dépend de la nature du danger et de la façon dont le sujet effectue le choix. Napoléon Bonaparte a popularisé la première solution : « En amour, la victoire est dans la fuite. » Chacun a son opinion sur ce qui constitue un danger et sur le meilleur moyen de s'en sortir ! Pour la guerre, il avait d'autres options. Il est clair que la fuite ne peut être génératrice d'estime de soi que si elle est appropriée et délibérément choisie ou tout au moins assumée à posteriori.

La paralysie peut être utile : s'immobiliser et lever les bras au-dessus de la tête permet d'avoir la vie sauve dans certaines situations, par exemple lors d'une reddition. En revanche, rester paralysé chaque fois que les circonstances sont inhabituelles provoque, en général, une pénible impression d'impuissance. Attaquer rapidement et vigoureusement peut, parfois, donner l'avantage et décider de la victoire; il est clair que si c'est le mode habituel de gestion des relations, cela risque de conduire à de graves déboires relationnels. La manipulation consiste à utiliser tout moyen indirect susceptible de donner le résultat escompté. Cette solution est souvent choisie par les personnes qui manquent d'estime de soi car elle évite de prendre des « risques ». En effet, l'aspect indirect permet de ne pas prendre la responsabilité de ses désirs, demandes, refus, etc., et d'amener l'autre à prendre soin de nous ou à faire les choses que nous ne voulons pas ou n'osons pas faire nous-mêmes. On dira par exemple : « Il fait trop chaud ici » plutôt que « J'ai chaud, est-ce que tu veux bien ouvrir la fenêtre ? » ou « Je ne peux pas venir demain soir » plutôt que : « Je préfère passer la soirée en famille. » Dans le premier cas, on risque un refus et, dans le second, on a peur de faire de la peine, ce qui masque souvent une peur d'être rejeté.

Dans chacun de ces exemples, on l'aura compris, la deuxième solution est l'antidote à la manipulation. Elle propose d'oser exprimer sa vérité interne tout en respectant son interlocuteur. En théorie, cette attitude est la seule qui ne présente que des avantages. En pratique, elle a l'inconvénient de ne pas nous sembler « naturelle ». Ou plutôt de ne pas se présenter naturellement ou spontanément à la plupart d'entre nous, dans la grande majorité des cas. On peut se demander pourquoi. La réponse est assez simple : nous apprenons en copiant notre attitude sur les comportements que nous observons autour de nous. Or, culturellement, l'assertivité n'est pas le mode de réponse le plus utilisé.

☆

Nous avons tendance à reproduire ce que nous avons vu faire, que cela donne ou non les résultats que nous escomptons : c'est ce qui est *habituel* qui nous paraît *naturel*. Nous confondons facilement les deux. Pourtant, il suffit de prendre une nouvelle habitude et, soudain, le comportement qui n'était pas naturel le devient comme par enchantement !
Il convient donc de prendre de la distance avec l'idée qu'il est bon de se conduire « naturellement » ou « spontanément ». Cela reviendrait à accepter nos habitudes et nos réflexes acquis pour ce qu'ils ne sont pas : l'expression de notre « nature » (rien de plus difficile à circonscrire que la nature !). Apprenons à nous conduire de telle façon que nous puissions faire face aux circonstances avec le respect de nous-mêmes et des autres et, bientôt, nous le ferons naturellement et spontanément. Par là-même, nous ferons grandir notre estime de soi et notre confiance en soi.

Encore faut-il le vouloir.

L'un des obstacles majeurs à l'apprentissage de l'assertivité est la croyance qu'il est impossible de s'affirmer si ce n'est aux dépens d'autrui, et les notions d'assertivité et d'agressivité sont souvent confondues. On retrouve là l'idée communément admise dans nos cultures occidentales que, dans la relation aux autres, il y a forcément un gagnant et un perdant, le loup et l'agneau ! Cette croyance conduit inéluctablement à la nécessité de faire un choix entre l'autre et moi. Si je ne veux pas être « mangé », il faut que je « mange » et si je condamne l'agressivité, je dois me résigner à renoncer à faire valoir mes besoins, mes idées, mes droits, à dire « non » quand je ne suis pas d'accord.

Un autre obstacle à l'affirmation de soi est l'illusion que les autres savent (ou devraient savoir) ce que nous pensons, voulons, aimons, détestons. Dans ces conditions, à quoi bon le leur dire ? S'ils n'en tiennent pas compte, c'est qu'il ne le *veulent* pas.

Une enquête dépassionnée montre que, dans la plupart des cas, il n'en est rien. Une telle croyance est basée sur plusieurs hypothèses dont il est facile de démontrer le peu de fondement. La plus incapacitante consiste à s'imaginer que tout le monde observe les mêmes choses que nous et en tire les mêmes conclusions. Nous savons déjà qu'il n'en est rien : dans une situation donnée, nous gommons bien des paramètres qui seront remarqués par un autre, qui n'aura pas vu ce que nous avions remarqué. Quant à l'interprétation des faits pris en compte, elle varie d'un individu à l'autre et même d'une minute à l'autre chez le même individu, en fonction de son humeur ou des critères qu'il retient pour juger de la situation. Une autre croyance gênante est que les personnes qui nous côtoient journellement nous connaissent très bien, et qu'elles savent donc parfaitement ce que nous voulons, pensons, etc. D'ailleurs, nous le leur avons déjà dit et redit dans de nombreuses circonstances *donc* elles ne peuvent pas l'ignorer. Que la personne sache ce que nous désirons, pensons, aimons et détestons dans telle ou telle circonstance n'a rien de certain, c'est tout juste possible. Quand bien même ce serait vrai, cela ne nous enlève en rien la responsabilité de faire le nécessaire pour satisfaire nos désirs, nos besoins. Il ne s'agit pas de son affaire mais de la nôtre !

Nous allons maintenant envisager les différentes manifestations de l'assertivité.

DIRE « NON », REFUSER

L'une des manifestations les plus communes du manque d'estime de soi est la difficulté, voire l'incapacité à dire « non » ou à dire « non » directement. Un autre façon de manifester le manque d'estime de soi dans le refus peut être la propension à refuser de façon provocante ou agressive (ce qui montre que la personne a besoin de développer beaucoup d'énergie pour le faire).

Certaines cultures ont tendance à « brouiller les cartes » ainsi, que le montre l'anecdote suivante. Une de mes amies, Égyptienne d'origine, avait épousé un Américain et vivait aux États-Unis depuis plus de vingt ans. Lors d'un séminaire auquel nous assistions toutes les deux, elle me fit part de ses appréhensions. Sa belle-sœur était arrivée la veille d'Égypte et devait séjourner chez elle pendant quelque temps. Comme mon amie était occupée pendant la journée, la visiteuse avait décidé de faire la cuisine.

> – « Ah, dis-je naïvement, c'est gentil de sa part ! En effet, répondit mon amie d'un air sinistre, mais le problème, c'est que je vais devoir manger en grande quantité tout ce qu'elle aura préparé (à cette époque, mon amie avait entrepris un régime pour perdre un surplus de poids).
> – Et pourquoi donc faudrait-il tout manger ? » demandai-je tout aussi naïvement. Parce que c'est comme ça !, répliqua-t-elle avec désespoir. Je vais dire : un petit peu, merci, mais elle ne doit pas en tenir compte. Elle me servira copieusement et elle me resservira avant que j'aie fini. Je dois dire : non, merci, c'est poli mais ça ne veut pas dire que je n'en veux plus !
> – Ah bon ! Mais alors, il doit bien y avoir un code pour refuser ? Non, dit-elle, sans la blesser, il n'y en a pas. Le non ne signifie pas non et le oui n'a plus de valeur... Je me souviens, c'était affreux ! Ça fait partie des raisons pour lesquelles j'ai quitté l'Égypte. »

Il n'y a pas qu'en Égypte que « ça ne se fait pas » de dire « non », du moins nous plaisons-nous à le croire. En fait, nous avons peur de déplaire, peur d'être rejetés, peur d'avoir à donner des explications, des justifications. Mais, comme le faisait fort justement remarquer mon amie, il faut pouvoir dire « non » pour que notre « oui » ait un sens.

☆

Savoir refuser, dire « non » est une nécessité. Tout comme la notion de froid n'a pas de sens sans celle de chaud, notre « oui » n'a de sens que si nous pouvons dire « non ».

Le type de relation que nous allons engendrer à partir de nos mensonges « polis » risque fort de nous décevoir chaque jour davantage.

À QUOI FAUT-IL POUVOIR DIRE « NON » ?

Combien de fois avons-nous écouté d'une oreille distraite ou en bouillant intérieurement une personne bien intentionnée nous donner des conseils dont nous savions très bien que nous n'en voulions pas ?

Marie, au comble de l'agacement, écoute sa belle-mère lui vanter de façon appuyée les bienfaits de l'alimentation végétarienne. Manifestement, elle aimerait que sa bru cesse de donner de la viande à Mathilde (sa petite fille). Marie s'agite sur son siège, donne l'opinion de son médecin, celle de sa propre mère et finit par quitter la pièce pour s'affairer dans la cuisine. Le soir elle fait une scène à son mari : « Ta mère est insupportable, si cela continue, je partirais quand elle viendra… »

Plutôt que de s'énerver, Marie aurait pu reformuler ce que disait sa belle-mère : « Si je comprends bien, vous pensez que l'alimentation végétarienne est très bonne pour la santé et vous aimeriez sans doute que je l'adopte, en particulier pour Mathilde. Je vous remercie, mais je tiens beaucoup à faire ce qui me semble le mieux pour elle en fonction de mes propres convictions. » Si l'on veut être plus conciliant, et si on en a vraiment le goût et l'intention, on peut ajouter « et je me documenterai volontiers, avez-vous un livre à me conseiller ? » Une telle attitude a de nombreux avantages. Tout d'abord, elle montre à belle-maman qu'elle l'a écoutée (si je reformule ce qu'elle a dit, c'est que j'ai *entendu* ce qu'elle a dit). Ce seul point est très important. En effet, des études sociologiques ont montré que, dans les discussions animées dont l'objet était de convaincre l'autre, une reformulation exacte faisait cesser les « hostilités ». Tout se passe comme si chacun était persuadé que, si l'autre l'écoutait *vraiment*, il se rendrait à son avis. Quand il s'aperçoit que l'autre a écouté et qu'il n'en est rien, il cesse de vouloir le convaincre à tout prix et, en général, dépose les armes. Le deuxième avantage de ce type de réponse est qu'il permet à Marie de mettre en lumière l'aspect indirect (mais évident) du discours de sa belle-mère (*et vous aimeriez sans doute que je l'adopte, en particulier pour Mathilde*).

Les choses sont ainsi clarifiées et son interlocutrice sait qu'elle a compris ce dont il s'agit. De plus, le mot « sans doute » empêche belle-maman d'accuser Marie d'interpréter ce qu'elle a voulu dire. Marie laisse une porte ouverte pour que sa belle-mère puisse s'expliquer plus avant si elle le juge bon. Le refus lui-même est fait de façon assertive. Marie ne s'excuse pas d'être d'un avis différent, elle n'est pas agressive non plus. Elle rend simplement les choses claires : *elle va se comporter en accord avec ses propres opinions*. C'est l'une des caractéristiques des personnes qui ont confiance en elles.

Parfois, les personnes qui ont du mal à dire « non » se plaignent d'avoir des difficultés à acheter tant elles ont peur qu'un vendeur persuasif et entêté ne les « force » à acheter un article dont elles ne veulent pas.

Dans les années 70, au cours des stages d'assertivité, on apprenait la technique du « disque rayé ». Il s'agissait de répondre par la même phrase : « Oui, et ça ne m'intéresse pas » à tous les arguments de vente, quels qu'ils soient, sans changer un mot à la phrase. Cela décourageait (paraît-il) le vendeur le plus acharné. Cette tactique marche très bien, à condition d'avoir assez de sens de l'humour pour se moquer de l'opinion que le vendeur peut avoir d'une personne qui a si peu de vocabulaire! Dire « non merci » d'un ton ferme en regardant son interlocuteur droit dans les yeux est généralement suffisant. Le langage non verbal, celui qui est véhiculé par le corps et par le ton sur lequel les mots sont prononcés est, bien entendu, déterminant. L'attitude préalable l'est tout autant. Une personne qui entre dans un magasin en se disant calmement à elle-même : « Rien ni personne ne peut me faire acheter quelque chose que je n'ai pas moi-même décidé d'acheter » est déjà sur le bon chemin. Comme nous l'avons dit au chapitre qui concerne la responsabilité personnelle, ce n'est pas ce que l'autre dit ou fait qui détermine mes comportements. C'est le sens que je donne à ce qu'il dit ou fait. Un vendeur est là pour vendre, c'est son rôle, c'est de *son* ressort d'essayer de me persuader. Ce qui est de *mon* ressort, c'est d'acheter ce que je veux acheter et de ne pas prendre ce dont je ne veux pas.

Bien entendu, ceci s'applique à toute situation au cours de laquelle on nous propose quelque chose qui ne nous tente pas. Certaines personnes ont du mal à refuser une invitation ou de rendre un service. Elles s'en tirent en général avec un mensonge : « Je ne peux pas ce soir, je ne suis pas libre, j'ai trop de travail en ce moment, etc. » Le problème, lorsque nous répondons de la sorte, est que nous savons pertinemment que nous sommes libres et que le travail est une « bonne » excuse pour ne pas dire la vérité. Avec ces « petits » mensonges, nous écorchons ainsi répétitivement notre estime de soi. Une attitude assertive consiste à se demander à soi-même la vraie raison pour laquelle nous ne désirons pas aller à cette réunion ou rendre ce service et… de le dire, tout simplement : « Non, merci, j'ai décidé de passer cette soirée en famille, ou de me coucher tôt » ou « Non, j'ai gardé cette soirée pour aller au théâtre ». Si l'on a peur que ce refus soit considéré comme définitif, par exemple par une belle-fille ombrageuse, on peut ajouter : « Et je garderai les enfants avec beaucoup de plaisir la prochaine fois que vous sortirez si je suis disponible, prévenez-moi à l'avance. »

Dans le domaine du « non », il existe un type de communication que nous devons refuser. C'est le cas lorsque notre interlocuteur nous dévalorise. Il existe plusieurs façons simples et assertives de le faire. La première consiste à lui dire simplement que nous ne sommes pas d'accord :

> « Tu es complètement idiot !
> – C'est une opinion que je ne partage pas. »

La seconde est encore meilleure, elle consiste à demander des précisions sur *les faits* sur lesquels la personne se base pour fonder cette opinion :

> – « Qu'est-ce qui te fait penser ça ?
> … (écouter la réponse).

– Ah, tu veux dire que je me suis montré étourdi (ou autre) dans cette circonstance. Je suis d'accord avec toi... et je n'en tire pas les mêmes conclusions (*si nous considérons qu'il est exact que nous nous sommes montré étourdi*). »

Une telle intervention a pour but de faire « redescendre » le reproche du niveau de l'identité (tu *es* idiot) au niveau du comportement (qu'est-ce que j'ai *fait* pour que tu dises cela ?). Le fait d'admettre que l'on a fait une erreur, lorsque c'est le cas, est une marque d'estime de soi. Admettre que nous sommes faillible relève du simple bon sens et refuser de regarder les choses en face révèle notre peur de ne pas être à la hauteur.

ÊTRE « À LA HAUTEUR »... DE QUOI ET POUR QUI ?

S'il est utile de dire « non » à quelque chose, c'est bien aux attentes des autres lorsque nous ne les partageons pas entièrement. Certaines personnes se font beaucoup de souci en pensant qu'elles ne satisfont peut-être pas aux critères des gens qui les entourent et qui ont de l'importance pour elles. Cela peut être leurs parents, leur patron, leurs collègues de travail et même, dans les plus mauvais cas, toute personne avec qui elles ont un contact. *Un jour ou l'autre, nous devrons bien admettre qu'il est impossible de plaire à tout le monde.*

Chaque personne a sa propre carte du monde, ses propres critères à propos de ce qui est bien et mal, désirable ou non, efficace ou inefficace, gentil ou non, etc.

Se conformer aux attentes d'une seule personne est déjà une gageure, essayer de satisfaire tout le monde est tout simplement délirant ! Si on plaît à l'un, on déplaira à l'autre. Dans ces tentatives vouées à l'échec, il y a un grand absent : nous-même ! Aussi étrange que cela puisse paraître à quelqu'un qui ne l'a pas encore essayé, le seul moyen de contenter tout le monde (ou presque), c'est de se conformer tranquillement à ses propres critères et à ses propres valeurs. Les personnes qui ont les mêmes apprécieront nos choix, bien sûr; quant aux autres, elles cesseront très vite de faire des commentaires désobligeants (pour peu que nous n'y attachions pas une importance excessive). C'est un peu comme si notre attitude assertive les dispensait de porter un jugement sur nous. En effet, à quoi cela sert-il de blâmer quelqu'un qui ne s'en préoccupe pas? De plus, lorsqu'il s'agit de personnes qui se sentent ou se sont senties responsables de nous ou tout au moins de nos comportements (comme nos parents ou un supérieur hiérarchique), notre attitude est rassurante : elle les dispense d'exercer un contrôle et de jouer les censeurs. *En agissant en fonction de nos propres choix, nous montrons que nous sommes adultes.*

Hélas, les choix les plus importants ne se font pas toujours à la suite d'une analyse bien claire de la situation et des « pressions » plus ou moins conscientes dont nous faisons l'objet, qu'elles soient extérieures ou internalisées. Nombreuses sont les personnes qui ont choisi leurs études et leur profession pour plaire à leur papa ou à leur maman. Le résultat est, en général, très décevant. Elle n'y réussissent pas bien ou ne s'y épanouissent pas, ou les deux!

J'ai le souvenir très vif d'avoir un jour rencontré le fils d'un couple d'amis que je n'avait pas vu depuis assez longtemps. Il avait alors une vingtaine d'années. Comme je lui demandais ce qu'il devenait, il me répondit : « Je fais des études qui ne m'intéressent pas pour aboutir à un métier que je n'ai aucune envie d'exercer. » Sa déclaration avait le mérite d'être franche. La surprise me cloua le bec! Peu après, il abandonnait.

Si nos motivations sont claires, nous avons simplement à apprendre à refuser les conseils et/ou les diktats. Cela peut se faire avec simplicité et en restant tout à fait poli. On dira par exemple : « Je vous remercie de ce conseil, j'avais eu le temps d'y réfléchir et j'ai déjà pris ma décision… » ou : « C'est une suggestion intéressante, j'y réfléchirai » ou « Je vais me documenter sur cette question » (cette technique un peu « fuyante » est appelée "technique du brouillard" dans les stages d'assertivité).

On peut également dire : « Merci, c'est une option supplémentaire et ça va m'aider à prendre ma décision. »

Comme nous l'avons remarqué, l'origine de nos motivations n'est pas nécessairement évidente. La première chose à faire est de nous poser clairement quelques questions : « Qu'est-ce que je veux vraiment ? », « Suis-je certain que c'est bien ce que je veux ? », « Y a-t-il une partie de moi qui n'est pas d'accord avec ce choix ? », « Si je fais abstraction de ce que pensent les autres (ou telle personne en particulier), quelle option est-ce que je choisis ? ».

La dernière étape est essentielle : *il s'agit de décider et de prendre explicitement la responsabilité de notre choix.* À partir de ce moment, nous ne pouvons plus tenir les autres pour responsables de ce que nous avons décidé.

Attention, la rébellion est mauvaise conseillère et je connais des personnes qui s'interdisent de choisir ce qu'elles veulent vraiment sous prétexte que cela ferait plaisir à quelqu'un de précis.

Je me souviens de cette cliente (en thérapie) qui devait se marier quelques jours plus tard. Devant sa mine déconfite et son teint brouillé, je me renseignai sur l'état de ses relations avec l'heureux élu. « Tout va très bien », répondit-elle, l'air morose.

> « Alors que se passe-t-il ? insistais-je.
> – C'est le mariage lui-même, la cérémonie, qui me préoccupent.
> – Ah ! Et qu'est-ce qui te contrarie ?
> – C'est ma mère… je crois que ça me déplaît parce qu'elle est contente que je me marie !
> – Oh ! Comme c'est intéressant ! Et… est-ce que tu es prête à être heureuse même si ça fait plaisir à ta mère ? poursuivis-je, sûre d'avoir droit à un "oui" et à un sourire indiquant une prise de conscience.
> Elle réfléchit un instant, me regarda droit dans les yeux et, avec un air de défi qui ne s'adressait pas vraiment à moi, elle déclara fièrement :
> – Non, je ne crois pas ! »

Pour ne pas laisser dans l'expectative le lecteur qui aime les fins heureuses, je dois dire que nous avons fait le travail nécessaire. Elle a intégré que la joie (ou la réticence) de sa mère n'était pas le critère le plus pertinent à prendre en compte et elle s'est bel et bien mariée. Sans nouvelles depuis longtemps, je ne saurais dire s'ils ont eu, ou non, beaucoup d'enfants.

☆

Être adulte, c'est agir en fonction de ses propres choix et en prendre explicitement la responsabilité.

DÉJOUER LES MANIPULATIONS

S'il est un talent qui nous rendra de nombreux services, c'est bien celui qui consiste à dire non aux manipulations conscientes et inconscientes de notre entourage. Les manipulations inconscientes étant certainement les plus nombreuses, il faut tout d'abord admettre que nous sommes, nous aussi, susceptibles de manipuler sans même nous en rendre compte. Il s'agit donc de dire non aux manipulations, en général : celles des autres et les nôtres… qui invitent celles des autres.

Steve Karpman, l'un des collaborateurs d'Éric Berne (« père » de l'Analyse Transactionnelle), a inventé une façon très simple et extrêmement puissante de comprendre ce qu'est une manipulation et, par la même occasion, d'éviter de se laisser « piéger ». Il a remarqué que toute interaction manipulatrice était nécessairement faite à partir de l'une de ces trois positions : « Victime », « Sauveteur » ou « Persécuteur » (avec une majuscule, il s'agit du rôle joué inconsciemment). La Victime ne prend pas ses responsabilités et cherche quelqu'un qui va le faire à sa place. Si les choses tournent mal, ce sera sa faute à lui. Le Sauveteur ne croit pas les autres capables de se débrouiller tout seuls, il les dévalorise en voulant leur rendre service. Le Persécuteur critique les autres et/ou essaye d'imposer ses idées et sa façon de voir les choses. L'ampleur du problème est facile à saisir lorsque l'on comprend que ces rôles sont facilement interchangeables, une fois que l'on a mis le doigt dans l'engrenage, c'est-à-dire une fois que l'on a commencé les interactions manipulatrices. Ainsi, si ses tentatives pour aider ne marchent pas, le Sauveteur risque fort de se sentir Victime à son tour, l'ex-victime — qui s'obstine à le demeurer malgré ses bons soins — étant, par là même, devenue Persécutrice. Ainsi, les personnes se déplacent sur les sommets du « triangle de Karpman », appelé aussi « triangle dramatique » et même « triangle infernal » par l'un de mes clients qui déclarait parfois, consterné : « Je suis encore tombé dans le triangle infernal ! »

Les analystes transactionnels font remarquer qu'une personne qui entre dans l'un de ces rôles « attire » le rôle complémentaire et invite à jouer à un « Jeu psychologique » qui va se terminer de façon déplaisante pour les joueurs. Il est donc prudent de savoir dire non aux invitations que constituent les transactions faites à partir de l'une ou l'autre de ces positions et de ne pas émettre soi-même d'invitations de ce type.

Le meilleur moyen pour refuser d'entrer dans la danse du triangle « infernal » est de conserver une attitude de respect de l'autre et de confiance en soi. Cette attitude nous empêche de nous sentir victime si quelqu'un tente de nous persécuter, de sauver quelqu'un qui n'a rien demandé et qui a ses propres ressources ou de persécuter autrui. Si nous sommes, par exemple, victime d'une tentative de persécution, nous serons capable de faire la différence entre cette personne et le comportement désagréable qu'elle est en train d'extérioriser, et nous saurons qu'elle ne parle pas de nous mais seulement de l'idée qu'elle s'en fait, compte tenu de son propre modèle du monde. Il nous sera alors beaucoup plus facile d'adopter une attitude dépassionnée et de tirer notre épingle du… Jeu.

Il est important de comprendre qu'en dernière analyse, l'on ne parle jamais que de soi ! Cette personne qui me dévalorise donne des informations sur sa façon de voir les choses, ce n'est pas de moi qu'elle parle, c'est de *sa propre interprétation* de qui je suis et de *sa propre perception* de ce que je fais.

Une attitude de respect de l'autre est également une excellente sauvegarde contre les velléités de sauvetage au cas où une personne se présenterait à nous comme une Victime impuissante. Elle nous permettra de nous poser deux questions essentielles : « Cette personne a-t-elle vraiment besoin d'aide (n'a-t-elle pas les ressources nécessaires pour faire face à cette situation) ? » et « Suis-je la bonne personne pour l'aider ? ». On se rappellera alors que, pour être la « bonne personne », il faut avoir à la fois les compétences et la motivation. Par ailleurs, il paraît assez clair que, si j'ai confiance en moi, je ne me laisserai pas « sauver », sauf si je suis réellement en train de me noyer !

Nous venons de voir quelques façons de nous montrer assertifs en disant « non » lorsque c'est approprié. Il y a encore d'autres occasions de nous affirmer positivement.

DEMANDER N'EST PAS QUÉMANDER !

Demander n'est pas chose facile. Lorsque nous sommes enfants, nous savons très bien faire comprendre ce que nous voulons avant même d'avoir la parole. Plus tard, nous disons directement « je veux ». Plus tard encore, nous apprenons à dire « je voudrais » et « s'il te plaît ». En général, on nous fait assez vite comprendre que nous demandons « trop » et trop souvent. Assez rares sont les personnes qui savent demander directement ce qu'elles veulent et la peur du refus est très répandue. Ici encore, nous confondons les niveaux logiques, comme si l'on *nous* rejetait en refusant d'accéder à notre demande. Comme nous ne cessons pas de désirer, nous mettons en place des tactiques pour demander, lesquelles ont en général de nombreux inconvénients. Une des plus répandues est la demande indirecte : « J'ai envie de voir ce film mais j'ai horreur d'aller au cinéma seule… Tu as lu des critiques ? » ou « Ça manque de sel ! ». On peut aussi ne rien dire et attendre que l'autre devine... et lui en vouloir s'il ne le fait pas. Une autre façon de s'en tirer sans rien demander est de prétendre qu'on n'a besoin de rien, ou qu'on n'a pas besoin des autres. On se condamne ainsi à la pénurie, ce qui n'a rien d'épanouissant.

Un bon moyen de s'entraîner à oser demander consiste à préparer une phrase directe (ce qui n'est pas toujours évident à trouver tout de suite pour qui ne pratique pas) et à imaginer ce qui pourrait se passer de *pire* si on la prononçait. Ensuite, on réfléchit à ce qu'on pourrait faire au cas où cette horrible éventualité se produisait.

« J'ai envie d'aller voir tel film, tu veux venir avec moi ? » Ce qui pourrait constituer une réponse « terrible » varie beaucoup avec les individus. En revanche, ce qui est assez courant, c'est que, une fois trouvée la réponse « intolérable », la personne dédramatise la situation, trouve une attitude qui lui conviendrait si cela se produisait et décide de courir le risque. Parfois, elle découvre que sa pire peur est tout à fait ridicule et qu'il n'y a pas une chance sur mille pour que l'autre réagisse de cette façon.

Dans tous les cas, il faut savoir que notre difficulté à demander n'a pas forcément une origine d'ordre traumatique (quelque chose de terrible qui nous serait arrivé à la suite d'une demande). Nous calquons notre attitude sur celle des personnes qui nous entourent, une grande partie de notre apprentissage se faisant, nous l'avons vu par modélisation. Or les personnes qui demandent directement ce qu'elles veulent sont assez rares, nous devons donc nous « rééduquer » en pratiquant.

Dans les stages d'assertivité, on fait dresser aux personnes la liste des choses qu'elles ont du mal à demander, puis on leur fait faire des jeux de rôle ou on les met en situation pour qu'elles s'entraînent. Les autres sont là pour donner une information en retour sur leur performance. Ceci peut d'ailleurs s'effectuer sans pour autant que l'on s'inscrive à un stage. À titre d'entraînement, nous pouvons aussi demander notre chemin à un inconnu dans la rue, rendre un article que nous avons acheté et qui ne nous convient pas, frapper chez les voisins pour qu'ils nous donnent du sucre ou du pain à neuf heures du soir, entrer dans un sex-shop, etc.

Voici maintenant un aperçu des choses qui sont, en général, les plus difficiles à demander.

Demander un service

Il est beaucoup plus facile de demander un service s'il est bien clair pour nous que l'autre peut dire « non » et que cela ne changera rien à notre relation. Parfois, les services sont demandés avec une arrière-pensée. Par exemple : « Avec tout ce que j'ai déjà fait pour lui, il peut bien faire ça ! » ou « Ce n'est pas grand-chose, c'est bien le moins qu'il/elle puisse faire en tant que... (voisin, grand-mère, etc.). » Il est clair qu'avec un tel état d'esprit, mieux vaut hésiter à demander. On risque d'être déçu et d'endommager la relation ! Au contraire, si l'on demande avec l'esprit ouvert, on met toutes les chances de son côté. S'il dit non, c'est son droit et cela ne m'empêchera pas de demander une autre fois, le cas échéant : un refus ponctuel n'est pas forcément à prendre comme un refus définitif.

Demander du réconfort, un câlin

Pour certaines personnes c'est réellement impensable. En effet, c'est une demande d'intimité et le « risque » est perçu comme énorme : s'il/elle dit « non », il/elle ne m'aime pas et c'est moi qu'il rejette en tant que personne. Là aussi, il convient de ne pas confondre les niveaux logiques. Le refus peut signifier de nombreuses choses. Par exemple, l'autre n'a pas le temps ; il est préoccupé par quelque chose qui l'empêche d'être disponible ; il est en colère contre nous à ce moment-là ; la proximité peut aussi le mettre mal à l'aise (ce qui ne dit rien de ses sentiments envers nous), etc. S'il s'agit d'une demande d'intimité sexuelle, l'autre peut être fatigué, avoir envie d'autre chose à cette heure, avoir des problèmes sans rapport avec la relation.

La plupart des sexologues, influencés par le courant américain, se font les chantres de la demande directe : sachez ce que vous aimez et ce que vous voulez et demandez-le clairement et directement, c'est le meilleur moyen de l'avoir. Pour d'autres, ça manque de mystère, ce n'est pas très romantique ou ça prive du plaisir de la découverte. En tout état de cause, un partenaire qui n'a pas encore « découvert » ce que vous aimez au bout de quelques années a certainement besoin de précisions ! De toute façon, tout comme le permis de chasse n'oblige pas à chasser, la capacité de demander ce que l'on veut n'oblige pas à le faire à tout moment et dans toutes les circonstances.

Demander un cadeau, des compliments

L'une des croyances les plus répandues est celle qui consiste à penser qu'un compliment que l'on a demandé n'a pas de valeur. De même, on ne réclame pas un cadeau. L'un comme l'autre doivent être donnés spontanément. Loin de moi l'idée de trouver à redire aux compliments et aux cadeaux qui nous tombent du ciel. Cela ne nous empêche nullement de dire : « Ça me ferait très plaisir que tu me rapportes des fleurs » ou « Tu sais, pour mon anniversaire, je t'ai préparé une petite liste des choses dont j'ai envie : ça commence par un voyage à Venise et ça se termine par le dernier disque de Céline Dion. Si tu veux, tu peux jeter un coup d'œil. » Il se peut que notre demande soit particulièrement bien accueillie par un partenaire qui ne savait vraiment pas quoi nous offrir ou comment nous faire plaisir. Si ce n'est pas le cas, cela donne une excellente occasion de parler et de grandir à partir de nos différences. Si nous ne le faisons pas, ne soyons pas surpris de ne pas avoir les fleurs ou les compliments convoités ou de ne pas les avoir au moment ou dans les circonstances où nous les aurions appréciés. En ce qui concerne les cadeaux, préparons-nous à recevoir avec gratitude ce vase que nous n'oserons jamais poser sur la table ou ce vêtement dont la couleur nous révulse : c'est l'intention qui est importante et, après tout, nous n'avons rien fait pour avoir ce que nous voulions !

Les demandes ne sont pas réservées aux conjoints et autres proches. Dans un contexte de travail, il peut être tout à fait approprié de dire : « Si vous avez apprécié mon travail je serai ravi(e) d'entendre vos compliments. » Nous avons alors beaucoup plus de chances d'en obtenir que si nous attendons passivement qu'on nous « reconnaisse ». De plus, cela donne une permission à celui qui ne sait pas donner.

Demander son dû

Une des choses les plus difficiles à demander est l'argent. Être capable de demander un juste salaire pour son travail est une marque indubitable d'estime de soi. Ne rien demander ou demander une rémunération dont nous savons qu'elle ne correspond pas au travail effectué est une façon de se dévaloriser. C'est un peu comme si nous disions : je ne suis pas important, donc ce que je produis n'a pas beaucoup de valeur.

Attention, il ne s'agit pas de dire que nous ne pouvons pas faire de cadeaux, ni que nous ne pouvons, par exemple, adapter nos honoraires à la bourse de la personne qui requiert nos services. Il nous faudra simplement vérifier que nous sommes capable de nous formuler clairement nos raisons et que nous nous sentons en accord profond avec ce que nous faisons. Une façon de vérifier que nous ne sommes pas en train de dévaloriser notre travail consiste à nous renseigner sur les tarifs ou salaires proposés pour des prestations similaires aux nôtres. Pourquoi demandons-nous moins ? Pourquoi nous propose-t-on moins ? Et pourquoi acceptons-nous ? Nos réponses sont-elles convaincantes à nos propres yeux ? Si ce n'est pas le cas, réfléchissons aux tarifs que nous désirons pratiquer ou au salaire que nous désirons obtenir et prenons l'engagement de les demander. Il peut être utile de préparer les phrases qui nous semblent difficiles à dire et de trouver celles qui nous conviennent. Si cela nous semble impossible, nous avons besoin d'aide sur ce point.

Souvent, des personnes se plaignent qu'on ne leur rend pas ce qu'elles ont prêté et elles se sentent en colère. J'ai remarqué que cette colère vient souvent du fait qu'elles en veulent à la personne parce qu'elles vont être obligées de *demander !*

Demander ce que l'on a prêté peut être fait très naturellement. En revanche, si l'on se sent en colère contre l'autre parce qu'il n'a pas rendu spontanément, on se met dans une mauvaise situation. En effet, il va nous être bien difficile de rester dans une position de respect de l'autre et de confiance en soi, et nous sommes pratiquement certains de mettre un pied dans le fameux « triangle dramatique ». Je me sens Victime, donc j'ai le droit de te persécuter en te demandant ce que tu me dois d'un ton plein de reproches ou de sous-entendus (du style : « Ça devrait être fait depuis longtemps » ou « C'est quand même triste que je sois obligé de demander ! »). Une autre mauvaise solution consiste à quémander comme s'il était inconvenant de demander : « Excuse-moi, mais j'ai vraiment besoin que tu me rendes cet argent, je suis vraiment désolé de te demander ça, mais… » Suit une longue liste de justifications. Fort heureusement, il existe d'autres solutions. Par exemple : « J'ai été heureux(se) de pouvoir te rendre service, aujourd'hui j'ai besoin de l'argent que je t'ai prêté. Quand peux-tu me le faire parvenir (ou me le donner) ? » Ou s'y prendre à l'avance : « Je vais avoir besoin de cette somme pour telle date et je te préviens à l'avance au cas où tu aurais besoin de t'organiser. Comment proposes-tu que nous fassions ? » *Dans tous les cas, c'est la bienveillance qui fait la différence.* Nous nous sentirons bien en demandant, nous préserverons une bonne relation et nous aurons de très grandes chances que l'autre, ne se sentant pas dévalorisé, fasse de son mieux pour nous rendre ce qu'il nous doit rapidement et avec plaisir.

Demander des précisions, poser des questions

Dans de nombreuses circonstances, nous n'aimons pas beaucoup poser des questions, même si nous n'avons pas bien compris. Tout se passe comme si nous étions supposés savoir ce qui se passe dans la tête de l'autre, même s'il ne se montre pas clair ou comme si nous devions savoir, alors que nous n'avons pas encore appris. Je suppose que cela vient de nos années d'école. Poser une question, c'était admettre que nous ne savions pas et ne pas savoir était souvent mal perçu. Nous avons donc décidé de ne rien dire et de faire semblant pour éviter d'être traités de cancres et de nous sentir stupides !

Si nous nous souvenons que chaque personne a sa propre façon de percevoir les choses et tire des conclusions différentes de ce qu'elle a perçu, il est évident qu'il vaut mieux se renseigner lorsque nous ne sommes pas sûr d'avoir bien compris ce que l'autre veut dire. C'est, au contraire, un signe d'intelligence. De plus, à une époque où nous croulons sous les informations de toute sorte et où le savoir est de plus en plus spécialisé, nous ne pouvons pas « tout » connaître ! Il est donc naturel de demander. C'est le signe d'une curiosité en éveil.

Demander ce que l'on veut plutôt que ce que l'on ne veut pas

Lorsque nous croyons demander ce que nous voulons, il nous arrive souvent de faire savoir ce que nous ne voulons pas. C'est en particulier le cas lorsque quelque chose nous dérange : « Je lui ai déjà dit que je ne voulais pas qu'il fume dans la maison mais il ne m'écoute pas » ou nous sommes si vagues dans nos demandes qu'il est impossible à tout autre que nous de savoir exactement ce que nous désirons : « Je ne peux plus supporter tes jérémiades, sois un peu positif ! » Cette façon de procéder nous semble naturelle car ce que nous remarquons le plus facilement, c'est ce qui ne nous convient pas.

Ceci me rappelle ce père de famille qui ne faisait jamais de compliments pour les bonnes notes, entrait dans des colères terribles pour les mauvaise et qui justifiait son attitude en déclarant : « Si je ne dis rien, c'est que ça va » !

Cela dit, il est indispensable de faire un pas de plus et de nous demander ce que nous voulons à la place. Ainsi, on pourra dire : « Je ne veux pas fumer en même temps que toi en respirant la fumée de tes cigarettes, mais je respecte tes choix et ce que je te demande, quand tu es à la maison, c'est de fumer dans la véranda » (ou dans le jardin, ou dans ta chambre, ou en ouvrant la fenêtre). De même, demander à quelqu'un qui se plaint d'être « positif » est inutile. Que voulons-nous dire par positif? Nous ferions probablement mieux de l'écouter et de lui demander… ce qu'il nous demande en se plaignant !

DONNER

Aussi curieux que cela puisse paraître, il n'est pas facile à tout le monde de donner et il peut être tout à fait intéressant de se demander ce que nous donnons aisément et ce que nous n'osons pas donner. En particulier, nous ne donnons pas toujours facilement notre avis. S'affirmer, c'est aussi affirmer ses idées et ses opinions. Les affirmer ne veut pas dire les imposer ni les présenter comme meilleures. Affirmer veut simplement dire partager et faire reconnaître. J'entends souvent des personnes avouer : « Je n'ai pas dit ce que je pensais parce qu'une autre personne l'avait déjà dit. » Le fait que nous soyons d'accord avec quelqu'un d'autre ne nous dispense pas de faire savoir que c'est aussi notre opinion. Souvent, c'est plutôt lorsque nous ne sommes pas d'accord que nous n'osons pas le dire. Un peu comme s'il allait falloir se battre parce que l'on ne pense pas de la même façon. Gregory Bateson disait que :

☆

« Le commencement de la sagesse, c'est lorsque deux personnes peuvent parler de leurs différences tranquillement, sans essayer de changer l'autre. Accepter l'autre tel qu'il est passe par s'accepter tel que nous sommes avec nos idées et nos valeurs. Les partager est un acte d'affirmation de soi qui permet de grandir. »

Assez étrangement, les compliments sont parfois difficiles à donner eux aussi, comme si certaines personnes avaient la bouche « écorchée » par un commentaire positif. On insiste beaucoup aujourd'hui sur l'importance des compliments si l'on veut être un manager efficace. Il n'y a pas qu'en matière de management que nous avons intérêt à faire savoir que nous sommes satisfaits ou admiratifs. À l'école ou plus tard, à l'université, les enfants et les étudiants reçoivent très peu de signes de reconnaissance positifs. L'idée que la personne qui reçoit le compliment va s'endormir sur ses lauriers est pourtant totalement injustifiée. Toutes les études montrent que, bien au contraire, les compliments jouent un rôle primordial dans la motivation et entretiennent ou même rétablissent de bonnes relations. Beaucoup renoncent à faire des efforts s'ils ne sont ni appréciés ni même remarqués. De plus, les compliments nous permettent de nous affirmer en disant simplement ce que nous pensons. Pourquoi garderions-nous par-devers nous les choses agréables que nous pouvons dire aux autres ? J'ajouterai qu'il est également recommandé de se dire de telles choses à soi-même dès que l'occasion s'en présente. Notre estime de soi en sortira grandie.

ACCEPTER TOUT SIMPLEMENT

Il est surprenant aussi de constater que nous avons parfois du mal à accepter certaines choses qui devraient logiquement être agréables comme les compliments, les cadeaux, les déclarations d'amour ou d'amitié. N'avez-vous jamais entendu une femme à qui l'on dit qu'elle a une jolie robe répondre : « Ah, oui? Elle a bien dix ans » ou « Tu plaisantes, j'ai pris cinq kilos ! » ou encore : « Je l'ai achetée en solde, la couleur ne me plaisait pas mais c'était une affaire... » et ainsi de suite. Pourquoi ne pas dire, tout simplement : « Merci » ou « Je suis ravie qu'elle te plaise » ou même « Oui, n'est-ce pas? ». La façon dont une personne accueille un cadeau peut montrer encore, verbalement ou non verbalement, qu'elle ne s'en sent pas digne : « Il ne fallait pas » (pourquoi?) ou « C'est trop! » (pour qui?). Il est également important de savoir accepter de bonne grâce une déclaration d'amour, même si nous ne partageons pas ce sentiment.

Un exemple particulièrement hilarant de ce que certaines personnes sont capables de faire dans ces circonstances est donné dans le film *Certains l'aiment chaud*. On y voit Jack Lemmon courtisé par un milliardaire alors qu'il est déguisé en femme pour les besoins du scénario. Demandé en mariage, il tente de dissuader son amoureux en se dévalorisant : « J'ai très mauvais caractère, je ne sais pas faire la cuisine, etc. » À bout d'arguments et devant une acceptation inconditionnelle de tous ces prétendus défauts, il finit par avouer, excédé : « Mais je suis un homme ! » ce à quoi l'autre qui n'écoute même plus cette litanie de limitations personnelles répond le fameux : « Nul n'est parfait ! »

Même si ce type de circonstances est peu commun, la tendance à répondre par une dévalorisation de soi l'est beaucoup moins. Une psychothérapeute américaine que je connais faisait remarquer, à juste titre, qu'aimer est en soi un cadeau et que la « bonne » réponse à une déclaration d'amour pourrait être : « Comme c'est merveilleux pour vous ! » Même si une telle réponse semble outrecuidante et peut prêter à sourire, je pense que cette anecdote a le mérite de mettre en évidence deux « vérités » importantes : aimer est, en effet, un cadeau et, par ailleurs, *nous n'avons pas à prendre la responsabilité de ce que ressentent les autres.* Avec l'état d'esprit qui découle tout naturellement de ces « vérités », on pourra répondre simplement et de façon appropriée, en tenant compte des particularités de la situation et en maintenant le contact avec notre estime de soi et le respect de l'autre.

DIRE LA VÉRITÉ

Nous avons déjà parlé de l'intérêt de dire la vérité. Ce n'est pas toujours facile mais c'est sûrement l'une des meilleures façons d'augmenter son estime de soi, car nul ne se sent grandi s'il sait qu'il n'a pas eu le courage ou l'honnêteté de dire les choses telles qu'elles sont. C'est incroyable comme les choses deviennent simple lorsqu'on prend l'habitude de dire : « Je ne suis pas disponible pour parler plus longtemps au téléphone » plutôt que « Je vous quitte car on m'appelle sur une autre ligne (ou parce que je dois partir à un rendez-vous ». Une excellente habitude à prendre est de remplacer « je ne *peux* pas » par « je ne *veux* pas ». La plupart du temps, c'est le cas. Ainsi ce n'est pas parce que nous ne *pouvons* pas rester que nous partons, c'est parce que nous *choisissons* d'honorer notre prochain rendez-vous. Si nous modifiions nos priorités, nous *pourrions* rester ! Ce changement, en apparence restreint, est en fait un changement décisif dans notre attitude dans la vie. Dire *« je ne peux pas »*, c'est se sentir ligoté, c'est prétendre que notre vie ne nous appartient pas. Dire *« je ne veux pas »* nous permet de reprendre notre liberté. L'affirmer en le disant est un pas de plus vers l'estime de soi et la confiance en soi. Bien entendu, on fera attention : il y a façon et façon de le dire ! « Je ne veux pas faire attendre mon prochain rendez-vous » est très acceptable, « Je ne veux pas rester avec vous plus longtemps » peut sembler un peu cavalier.

Une autre chose qui semble difficile, c'est de parler de soi. Nous avons dit qu'il n'était pas toujours simple d'affirmer nos valeurs et ce que nous pensons. Pour certains, il semble encore plus difficile de parler de soi de façon authentique et de partager ses sentiments, ses difficultés. Sans tomber dans l'excès inverse, c'est également une marque d'estime de soi que de pouvoir le faire avec la bonne personne et au bon moment.

Enfin, ce qui est encore plus difficile à dire, c'est du bien de soi : ça ne se fait pas ! Le problème est que si nous ne sommes pas capables de le faire dans certaines circonstances, cela risque de nous poser des problèmes. En effet, comment espérer que cet employeur potentiel va deviner nos qualités et nos savoir-faire ? Si nous sommes capables de répéter à qui veut l'entendre : « Je suis une tête de linotte », pourquoi ne pas affirmer : « Je suis quelqu'un de fiable, d'organisé, de chaleureux » ? Un excellent exercice pour remédier à cette difficulté consiste à se « vanter » à haute voix devant un miroir ou devant un partenaire de bonne volonté, sans dire la moindre chose qui pourrait minimiser ce que nous venons d'affirmer. Ainsi, on pourra dire : « Je suis intelligent » mais non « Je suis intelligent à mes heures » ! L'humour est une excellente chose, il ne doit pas être utilisé contre soi-même. On se bornera également à dire des choses que l'on croit vraies. Si nous cherchons nos qualités, nous en trouverons.

Une anecdote charmante raconte que l'un des meilleurs joueurs de football d'une célèbre équipe américaine était d'une timidité maladive. Un jour, il est amené à témoigner devant un tribunal. Le président s'adresse à lui : « Il paraît que vous êtes un excellent joueur ? » « Je dois dire que je suis le meilleur ailier gauche de tous les États-Unis », répond-il sans hésiter... L'entraîneur de l'équipe qui assiste à l'audience est médusé. À la sortie, il l'interroge sur cette réponse assertive. « Oui, je sais, c'était vraiment difficile à dire, mais... j'avais prêté serment ! »

À l'inverse, se vanter outrageusement n'est probablement pas une marque d'estime de soi. Je l'ai compris très jeune en entendant ma mère dire à un monsieur qui semblait excessivement bavard sur ses nombreuses qualités : « Pourquoi est-ce que vous dites tout le temps que vous êtes beau et intelligent ? Vous avez peur qu'on ne s'en aperçoive pas ? » Je ne sais pas si cela lui a servi de leçon mais à moi, certainement.

REGARDER « EN FACE »

Depuis le début de cet ouvrage, j'insiste pour mettre en lumière l'importance des messages non verbaux. Ils peuvent se suffire à eux-mêmes, ce qui n'est pas le cas des messages verbaux qui s'accompagnent nécessairement d'une composante non verbale : à minima, les inflexions de notre voix et, si nous pouvons être vus, notre posture, nos mimiques et tout notre langage corporel. Parmi les composantes essentielles de cette attitude corporelle, le regard tient une place privilégiée. Ce n'est pas un hasard si les cultures produisent des tabous dans ce domaine. Dans le sud des États-Unis, il n'y a pas encore si longtemps, un homme noir risquait sa vie s'il regardait une femme blanche. En France, dans les années 1900, les femmes devaient garder les yeux baissés devant un homme (mais pas « trop », viser le nœud de la cravate était un bon compromis)... C'était probablement une façon d'affirmer qu'elles étaient soumises, donc bonnes à épouser.

Vers l'âge de quatorze ans, j'étais souvent appelée dans le bureau de la surveillante générale car mes notes de conduite oscillaient entre 0 et 2 (sur 10 tout de même). Le problème venait de ma tendance à agir selon mes propres règles qui me semblaient plus logiques que celles qui étaient édictées... Encore aujourd'hui, je continue à penser que celles qui régissaient la discipline du lycée Jules-Ferry à cette époque ne l'étaient guère. Convoquée, ma mère qui ne comprenait pas bien ce que je faisais demanda : « Est-elle insolente ? » Ce à quoi la surveillante répondit d'un ton plein de sous-entendus : « Non, c'est pire ! » Comme je ne disais pas grand-chose de ce que je pensais, je crois que ce qui était « pire » que l'insolence, c'est ce qu'elle avait lu dans mes yeux : j'étais sans illusions quant au bien-fondé de l'autorité, telle qu'on la pratiquait en ces lieux. C'était une remise en question beaucoup plus fondamentale que l'insolence.

☆

En conclusion, on pourrait dire que l'affirmation de soi, c'est peut-être avant tout regarder soi-même, les choses et les gens en face, tranquillement, sans agressivité, sans soumission, avec bienveillance et une saine curiosité.

C'est probablement l'une des meilleure façon de s'affirmer et personne ne s'y trompera. Et si c'est là un conseil qui n'est pas forcément facile à suivre en toutes circonstances, je souhaite que la lecture de cet ouvrage et les exercices qui y sont proposés aident le lecteur à progresser dans ce sens.

Savoir s'affirmer : entraînement pratique

– Trouvez une situation future au cours de laquelle vous savez que vous risquez d'avoir du mal à vous affirmer (où vous craignez d'être agressif(ve) ou mal à l'aise).
– Réfléchissez au résultat que vous voulez obtenir dans cette situation : c'est votre objectif. Notez-le. Attention, il s'agit de ce que vous voulez obtenir, pas de ce dont vous ne voulez pas.
Assurez-vous que votre objectif est clair, réalisable et ne présente aucun inconvénient significatif.
– Trouvez ce que vous devez faire et/ou dire pour que tout se passe comme vous le désirez. Imaginez comment votre interlocuteur va réagir pour chacune des idées qui vous viennent à l'esprit.
Attention : rappelez-vous que vous voulez vous affirmer calmement, sans agressivité et sans concessions inutiles.
– Lorsque vous avez trouvé l'attitude juste, projetez-vous dans le futur et jouez votre rôle en imaginant la scène comme si vous y étiez.
N.B. : Il peut être tout à fait judicieux de trouver un partenaire qui soit prêt à vous aider à réaliser cet exercice.
Il lui reviendra de jouer le rôle de votre interlocuteur et de vous dire comment il a envie de réagir lorsque vous vous adressez à lui de telle ou telle façon.
Il peut aussi émettre quelques suggestions (que vous n'êtes pas obligé(e) d'adopter mais qui constituent des options supplémentaires).

Quatrième partie

CONQUÉRIR, DÉVELOPPER ET MAINTENIR ESTIME DE SOI ET CONFIANCE EN SOI AUX DIFFÉRENTS ÂGES DE LA VIE

« Au cours de notre vie, nous grandissons en traversant une série d'expériences et de transitions, nous réinventant et nous perfectionnant au fur et à mesure que nous prenons de l'âge. »

John S. Murphy

9

LES BESOINS ET LES STADES DE DÉVELOPPEMENT DE L'ÊTRE HUMAIN

L'ESTIME DE SOI, NOUS L'AVONS VU, est l'appréciation favorable de soi-même. Il s'agit d'un jugement de valeur et, comme il est aisé de le comprendre, c'est un jugement qui se forme petit à petit. Nous ne naissons pas avec une bonne ou une mauvaise estime de soi parce que bien entendu, à cet âge, il nous manque la possibilité de nous faire une opinion sur nous-mêmes !

Par ailleurs, nous avons défini la *confiance en soi* comme le sentiment d'assurance et de sécurité de celui qui peut se fier à lui-même parce qu'il a acquis les capacités nécessaires pour prendre soin de lui et faire face aux péripéties de la vie. Il est également très clair que ces capacités ne sont pas innées.

Pour acquérir estime de soi et confiance en soi, nous avons vu aussi que les individus doivent avoir conscience d'avoir une valeur et une importance intrinsèques, savoir ce qui est important pour eux dans la vie et développer les différentes capacités que nous avons détaillées dans les chapitres précédents.

À l'évidence, les motivations et les capacités qu'une personne peut acquérir ne sont pas les mêmes à chaque âge de sa vie. Les capacités doivent être acquises en fonction des motivations et *en tenant compte de certaines aptitudes qui se développent au cours de l'existence*, mais aussi *de certains besoins fondamentaux* qui concernent divers domaines de notre vie.

> ☆
>
> Le concept de soi, les capacités et les besoins d'un être humain évoluent au cours du temps. Par conséquent, il n'est pas possible d'installer, soutenir, redresser ou maintenir l'estime de soi et la confiance en soi d'une personne de la même façon au fur et à mesure que le temps passe.

Dans ces conditions, *il est légitime de se demander quels sont, aux différents âges de notre vie, les capacités que nous sommes à même d'acquérir ainsi que les besoins qui sont les nôtres.* La connaissance de ces paramètres se révélera un guide pour diriger les actions susceptibles d'exercer une influence positive sur notre propre estime de soi et sur celle des personnes avec qui nous sommes en relation.

LA NOTION DE BESOIN

La notion de besoin a fait couler beaucoup d'encre. Certains disent qu'il faut garder ce mot pour ce qui est nécessaire à la survie, c'est-à-dire à ce sans quoi l'individu mourrait. Ainsi respirer, boire et manger sont, à n'en pas douter, des besoins. Ce qui n'est pas aussi fondamental porterait alors le nom de désirs ou d'envies.

Ce distinguo radical présente des avantages. Dans certaines approches de psychothérapie, on expliquera ainsi à un client frustré qu'il n'a pas « besoin » que son conjoint l'emmène en vacances, qu'il en a seulement envie et que l'autre ne menace pas sa survie en refusant de le suivre (on ajoutera en outre qu'il est responsable de faire le nécessaire pour satisfaire ses besoins comme ses envies).

Une telle position a néanmoins des inconvénients. En effet, de quoi l'être humain a-t-il réellement *besoin* pour survivre ? Nous avons vu, par exemple, comme l'amour est nécessaire au bébé. De fil en aiguille, de nombreux psychologues se sont intéressés à ce qui peut être considéré comme fondamental pour qu'un être humain puisse non seulement *survivre,* mais *vivre* dans des conditions satisfaisantes et ont proposé d'appeler « besoins » ces « ingrédients » fondamentaux.

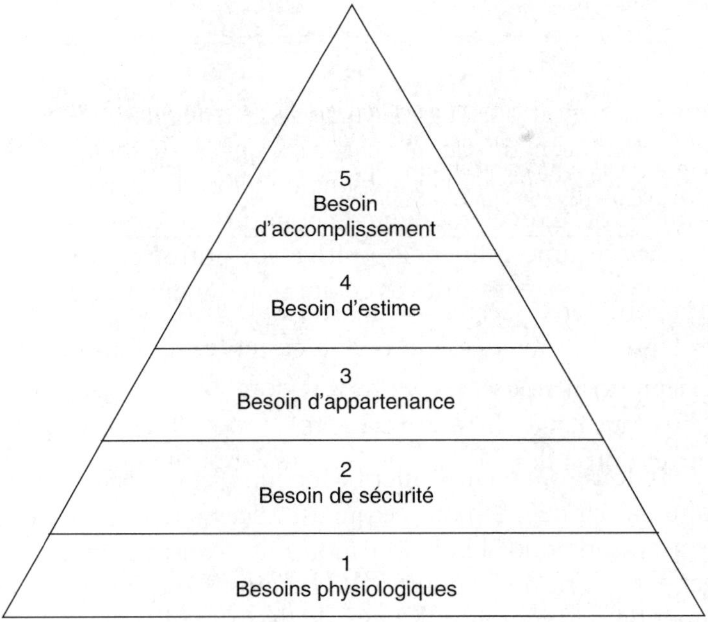

La pyramide de Maslow

Le plus célèbre en ce domaine est probablement Maslow qui a inventé une pyramide des besoins humains classés de façon hiérarchique. Il suggère que l'individu veut d'abord satisfaire des besoins de base comme ses besoins physiques et sa sécurité matérielle, avant de désirer la reconnaissance ou rechercher le sens de sa vie. Tout le monde ne partage pas ce point de vue comme nous avons vu avec Viktor Frankl, déjà cité, qui a montré comment, dans les circonstances de dénuement total des camps de concentration, ce qui déterminait la survie, c'est-à-dire ce qui constituait le besoin le plus fondamental, était précisément le sens que l'individu donnait à son existence et, par conséquent, le prix qu'il attachait à la vie.

Nous n'avons pas besoin de trancher entre ces deux derniers points de vue.

☆

Dans la mesure où nous ne nous intéressons pas à la survie mais à ce qui permet de vivre une vie heureuse et pleine, il nous suffit de considérer ici qu'un besoin est un élément sans lequel il n'est pas possible à un être humain de vivre dans des conditions satisfaisantes.

Mon opinion est que la hiérarchisation de ces besoins peut varier largement avec les circonstances et les individualités.

Au point où nous en sommes, il nous faut décider de ce qui peut être mis sur la liste et recevoir le nom de besoin. Pour plus de clarté, nous allons les classer en plusieurs catégories.

Les besoins physiques et la sécurité

Cette première catégorie concerne les besoins du corps : manger, boire, dormir, respirer, avoir un abri pour être protégé du froid et des intempéries, mais aussi les besoins d'hygiène, d'espace, ceux de bouger et d'exercer ses muscles, de se reposer et d'exprimer sa sexualité. Cette catégorie inclut également le besoin de sécurité au sens premier du terme : la sécurité physique.

Les besoins affectifs et relationnels

On peut ranger dans cette deuxième catégorie le besoin de contact (y compris les relations sexuelles qu'il faut différencier du besoin d'exprimer sa sexualité), le besoin de recevoir et de donner de l'amour, le besoin d'appartenir (à une famille, à un groupe social, etc.). Ainsi que les besoins d'être reconnu par les autres, d'être considéré comme important par les personnes qui comptent et d'obtenir du soutien lorsque c'est nécessaire (au cours de l'enfance, au cours de l'apprentissage, lors de périodes de crise ou de maladie, etc.). Il est également important de prendre en compte les besoins d'échanger avec les autres et de leur apporter quelque chose (savoir-faire, soutien, etc.).

Les besoins intellectuels et psychologiques

Tout être humain a besoin d'apprendre, c'est l'un des besoins les plus importants de cette catégorie. Le besoin d'apprendre suppose le besoin de stimulation (un environnement propice à l'apprentissage). On trouve également dans cette catégorie le besoin de progresser, de développer ses capacités, le besoin de transmettre ou d'enseigner à d'autres, ainsi que le besoin de travailler et de produire quelque chose pour s'exprimer et se réaliser.

☆

Bien entendu, les besoins d'estime de soi et de confiance en soi sont des besoins psychologiques fondamentaux. Ils méritent une mention spéciale puisque nous allons centrer notre attention sur eux et voir bientôt comment les soutenir aux différents âges de la vie au travers de la réalisation des autres besoins.

Les besoins spirituels

Le premier besoin spirituel est le besoin d'avoir conscience d'Être, indépendamment de ce que nous faisons ou de ce que nous possédons. Autrement dit, c'est le besoin d'être en contact avec son essence.

C'est ce besoin qui est connecté avec la nécessité de ressentir sa valeur et son importance *intrinsèque*.

Le besoin de se sentir « relié » à quelque chose qui dépasse l'individu (sentiment de faire partie de l'univers, d'être une partie d'un grand corps qui inclut tous les êtres humains, appartenance à un mouvement religieux ou spirituel, sentiment de connexion avec Dieu, etc.) est souvent cité comme un besoin spirituel profond.

Les autres besoins incluent ce que l'on peut considérer comme des « *nourritures* de l'âme », c'est-à-dire le contact avec la beauté au sens large (la nature, la musique, l'art, mais aussi tout ce qui peut nous émouvoir profondément), ainsi que ceux qui concernent « *l'expression* de l'âme » comme la production artistique, l'amour donné généreusement et gratuitement, etc.

Enfin un besoin spirituel essentiel est de donner du sens à son existence et de trouver le moyen de s'exprimer dans le monde en accord avec ses valeurs et avec le sens donné à sa vie.

LA NOTION DE STADES DE DÉVELOPPEMENT

De nombreux psychologues se sont intéressés à l'idée que les tendances, acquisitions, capacités, pulsions, des enfants étaient caractéristiques de certaines périodes de leur vie (par exemple, Freud, Jung, Piaget, Wallon, Erick Erickson...).

Il est clair que si l'on s'intéresse au développement des enfants, un découpage permet de le décrire plus facilement.

Ce découpage a également l'avantage de donner des repères aux psychologues, éducateurs, parents, en leur permettant de vérifier si l'enfant se développe normalement par rapport à la moyenne des enfants de son âge.

Cet avantage peut aussi être considéré comme un inconvénient si l'on songe que chaque enfant est différent et qu'un écart par rapport à la norme ne signifie pas nécessairement un retard pathologique.

En revanche, on a aujourd'hui de bonnes raisons de penser que l'inquiétude des parents en ce qui concerne les capacités que l'enfant est supposé manifester à tel ou tel âge risque fort de constituer pour lui un handicap sérieux. Cette inquiétude, parfois même cette angoisse lui sera nécessairement perceptible, même si elle n'est pas exprimée verbalement, car elle transparaîtra d'une façon ou d'une autre (on connaît, par exemple, l'importance de la communication non verbale).

Par ailleurs, il est important de comprendre que la période qui va être considérée comme un stade dépend à la fois des hypothèses des chercheurs et des paramètres qui sont observés.

Ainsi, Freud qui s'intéressait à l'évolution de la libido proposait de découper l'évolution de l'enfant en stades oral, anal et phallique, tandis que Piaget qui poursuivait sa recherche sur le développement de l'intelligence proposait trois grandes périodes : l'intelligence sensori-motrice, les opérations concrètes et les opérations formelles, elles-mêmes découpées en stades et sous-stades qui ne correspondent pas au découpage de Freud.

On pourrait multiplier les exemples qui montrent que, selon l'objet de l'étude, la période considérée comme constituant un stade ne recouvre pas forcément la même tranche d'âge.

Jusqu'à présent, nous avons uniquement évoqué les stades de développement de l'enfant.

Le concept de stade a surtout été développé par des psychologues de l'enfant ou par des chercheurs qui, comme Freud, s'intéressaient à *l'origine* des problèmes présentés par des patients adultes et qui cherchaient à comprendre pourquoi, comment et à quel âge se constituent les troubles qui se manifestent ultérieurement.

Cependant, l'idée que les adultes traversent également des stades au cours de la vie est elle aussi largement développée. Des notions comme jeune adulte, adulte, âge mûr, troisième ou quatrième âge donnent des exemples de cette façon de découper le temps en effectuant des catégories.

Certains auteurs évoquent aussi les stades de développement de l'âge adulte en mettant l'accent sur les transitions ou passages d'un stade à l'autre, et parfois sur les crises que ces passages entraînent.

Un stade se termine lorsque la personne quitte les études et commence à travailler, un autre démarre avec la vie commune ou avec la naissance du premier enfant, la retraite ou le départ du dernier enfant. Ces transitions sont donc aussi le départ d'un nouveau stade de la vie.

Nous allons donc nous centrer sur les besoins de l'être humain aux différents âges. Ce sera notre critère pour découper le temps et choisir nos stades de développement.

Bien entendu, nous examinerons ces besoins à la lumière de l'établissement et du maintien de l'estime de soi ainsi que du développement de la confiance en soi.

Nous aborderons tout d'abord les besoins des enfants. Ces développements devraient intéresser tout le monde, car nous sommes tous d'anciens enfants. De plus, nous sommes tous des éducateurs : parents, grands-parents, oncles, tantes, enseignants, ou voisins. Nous pouvons tous avoir une influence bénéfique sur l'estime de soi des enfants avec lesquels nous vivons, qui nous sont confiés à un moment ou à un autre ou que nous sommes amenés à rencontrer.

Nous parlerons ensuite des besoins que les adultes doivent satisfaire s'ils veulent nourrir leur estime de soi et leur confiance en soi, et de ce que nous pouvons faire pour favoriser l'une et l'autre dans nos relations, que celles-ci soient amicales ou professionnelles.

Nous terminerons avec les besoins des personnes âgées car c'est précisément une période de la vie au cours de laquelle l'estime de soi et la confiance en soi sont difficiles à maintenir pour des raisons qui tiennent largement au contexte culturel et social, mais aussi, dans le grand âge, à la perte de l'autonomie et de certaines capacités.

10

DE LA NAISSANCE À LA « GRANDE ÉCOLE »

La construction de la personnalité

DE LA NAISSANCE À SIX MOIS : UNE BASE POUR LE SENTIMENT DE VALEUR PERSONNELLE

Le bébé humain naît entièrement dépendant. Il a donc besoin que quelqu'un prenne soin de lui à tous les niveaux, y compris le plus matériel.

Ainsi, c'est l'adulte qui doit veiller à sa sécurité et à son bien-être physique. Ce n'est pas forcément une tâche aisée. En effet, le bébé est incapable de dire clairement ce qu'il veut ! Il faut donc apprendre à décoder ses mimiques, ses mouvements, ses vocalises et ses cris.

Simplifier la tâche des jeunes parents inexpérimentés a donné lieu à de nombreuses tentatives. Les plus malheureuses étaient celles qui proposaient des règles toutes faites pour s'occuper de l'enfant avec des modalités et selon un horaire plus ou moins rigides.

Elle consistait à donner à boire à l'enfant une quantité de lait donnée, calculée en fonction de son âge et non de son appétit, et selon une périodicité déterminée. S'il criait famine, on le laissait pleurer (ça lui « développait » les poumons) ou on l'invitait à patienter avec un biberon d'eau sucrée à moins de décider qu'il pleurait « sans raison ». Parfois on le reléguait au fond de l'appartement, de façon que ses hurlements de protestation, de colère et de désespoir ne dérangent pas trop.

Je ne parle même pas des parents qui « craquaient » et secouaient le coupable plus ou moins rudement, à deux doigts de penser qu'il le faisait « exprès » pour les pousser à bout. Je me souviens très bien d'une voisine qui disait que son bébé était « méchant » lorsqu'il pleurait entre les repas. Réprobatrice, elle se contentait de le punir en le laissant pleurer pour lui apprendre à mieux se conduire.

Je ne suis pas en train de faire le procès de parents « ancienne vague » dont la grande majorité croyait bien faire en obéissant aux règles établies par ceux qui étaient censés savoir. Je veux seulement attirer l'attention sur le fait que des besoins aussi basiques que les besoins physiques ne sont pas du tout pris en compte lorsqu'on adopte de telles méthodes.

Chaque enfant est différent et un enfant donné peut avoir très faim un jour et moins le lendemain. Le laisser crier ou le forcer à finir un biberon est tout à fait inapproprié. De même, changer un bébé après ou avant la tétée parce que c'est ce qui est marqué dans le livre de puériculture ou parce que la sage-femme l'a recommandé est peut-être insuffisant. Le bébé a besoin d'hygiène et de confort comme tout le monde.

Le meilleur moyen de savoir ce qu'il veut est sans doute de l'observer avec attention et de s'imaginer à sa place : minuscule et impuissant. Très vite, on acquiert de l'empathie.

Ne pas comprendre tout de suite ce qui se passe n'autorise pas à décider qu'il n'y a rien à faire. Après quelques tâtonnements, on comprendra son langage.

Au niveau de sa sécurité, il est également clair que nous en sommes responsables. De nombreux bébés tombent de la table à langer, sont assommés avec des jouets brandis par un aîné jaloux ou étouffés par le chat qui aime beaucoup la chaleur du berceau !

Le lecteur se demande peut-être quel est le rapport entre ces considérations et l'estime de soi du nourrisson.

Il est essentiel de comprendre que *le bébé est une personne à part entière* et une personne unique, différente de ses parents. En 1985, Bernard Martino publiait un ouvrage intitulé précisément : *Le bébé est une personne.* Ce livre a remporté un succès considérable. Il arrivait à point, à un moment où un tel message pouvait être entendu.

☆

Toute personne, fût-elle minuscule, a besoin d'être respectée. C'est la base indispensable pour qu'elle puisse se respecter elle-même.

Certains lecteurs, éventuellement, s'étonneront. Bien sûr que le bébé est une personne, bien sûr qu'il doit être respecté ! Bien que cette idée gagne du terrain, elle n'est pas encore adoptée par tout le monde. J'ai souvent entendu des phrases comme : « À cet âge-là, ce sont des tuyaux (ou des rosbifs)... » en général proférées par le papa tandis que la maman protestait avec plus ou moins de conviction. Une version plus humaine (?) de la même idée se présente à peu près comme suit : « À cet âge-là, ils ne font que boire et dormir, je commence à m'y intéresser quand ils ont deux ans. »

Je suis frappée par le fait que les bébés d'aujourd'hui sont beaucoup plus *éveillés*.

☆

Tout se passe comme si, plus nous sommes conscients de possibilités de l'enfant, même nourrisson, plus ses potentialités se manifestent.

Il n'y a rien là de bien surprenant : que faire de plus que manger et dormir si aucune autre stimulation n'est proposée ? Comment être une personne si l'on est traité comme un objet ?

En effet, les croyances des parents conditionnent leurs comportements. Quelqu'un qui adopte, consciemment ou non, l'idée que le bébé est une sorte de chrysalide et que le papillon n'émergera que plus tard va forcément traiter le bébé comme une chrysalide, c'est-à-dire comme un objet, même si cet objet est précieux à cause des promesses du futur qu'il renferme.

Un autre point important est la question du souvenir. Certaines personnes imaginent que, plus tard, de toute façon, on ne se souvient pas de ce qui s'est passé dans la toute petite enfance. Dans ces conditions, la vie du nourrisson a peu de chances d'avoir une influence quelconque sur l'établissement ultérieur de son estime de soi et sa confiance en soi.

Imaginer que le bébé ne se souvient de rien est une croyance qui mérite examen. En effet, tout dépend de la définition que nous donnons au mot « souvenir ». Si nous pensons qu'un souvenir est nécessairement quelque chose de conscient ou dont nous avons une trace mnésique sous forme d'images et de paroles, le bébé n'a peut-être pas de souvenirs. En revanche, si nous pensons qu'il existe des souvenirs archaïques, kinesthésiques, engrammés dans nos cellules, le nourrisson en a certainement ; on peut même envisager des souvenirs intra-utérins.

Il n'est pas nécessaire de décider ici de la date à laquelle le bébé commence à enregistrer ce qui se passe, une chose est sûre : il commence très tôt à s'organiser pour survivre dans le monde qui l'entoure et à ressentir si on lui accorde ou non de la valeur et de l'importance.

Nous avons vu précédemment que l'une des bases de l'estime de soi et de la confiance en soi était de « vivre éveillé ».

On peut se demander si la fâcheuse habitude que nous avons parfois de ne pas voir et de ne pas entendre alors même que nos besoins ne sont pas satisfaits n'a pas son origine dans notre petite enfance, à une époque où vivre éveillé n'était pas encouragé.

Nous l'avons vu précédemment, la base même de l'estime de soi est le sentiment que *nous avons une valeur et une importance en tant qu'être humain*. À cet âge, *le nouveau-né n'a encore rien fait* et, même s'il apprend tous les jours, les tout premiers mois de sa vie ne sont pas particulièrement dévolus à l'action. C'est lors de cette période que le bébé va sentir s'il a ou non de la valeur en lui-même. Il est clair que c'est à ce *stade de « l'être »* que nous pouvons faire passer ce message de façon très claire : *il est important parce qu'il existe, en étant simplement qui il est.*

Par ailleurs, les besoins affectifs et relationnels sont liés aux besoins physiques. C'est en s'occupant de l'enfant et en restant à l'écoute de ses besoins que nous pouvons le mieux lui montrer qu'il est important et que nous l'aimons. En effet, à cet âge, le besoin d'amour est essentiel. Aimer un bébé, c'est s'occuper de lui avec attention et tendresse. Comment pourrait-il se sentir important si ses besoins de base sont bafoués ? Si le désir de tranquillité et de repos du parent passe avant ses besoins à lui ? Aimer et montrer qu'on aime, c'est aussi prendre soin de son besoin de contact en dehors des soins et des tétées. Un bébé a besoin d'être câliné et tenu dans les bras une partie du temps, sans « raison » matérielle.

Pour éviter les craintes injustifiées, il est important de souligner que l'enfant a besoin d'une personne, au moins, qui soit là pour lui et qui l'accepte inconditionnellement. Cette personne est, en général, la mère. Elle est, à priori, la mieux placée puisqu'elle l'a porté pendant neuf mois et qu'elle est la seule à pouvoir l'allaiter (sauf cas très exceptionnels aujourd'hui). En revanche, quel que soit son sexe, son âge et son lien ou son absence de lien de parenté avec l'enfant, une personne qui joue le même rôle et ressent un amour inconditionnel pour lui donne au bébé ce dont il a besoin.

Il est également important de noter que, contrairement à ce que l'on enseignait dans les universités il y a encore quelque temps, on sait maintenant que le bébé peut parfaitement créer des liens privilégiés avec deux personnes et être attaché à sa mère *et* à son père si ce dernier s'occupe suffisamment de lui.

Bien que les relations avec l'entourage soient à cet âge la principale source de satisfaction, il est également important de procurer à l'enfant des stimulations variées. Promenades, jouets appropriés, stations dans un « baby relax » d'où il peut voir les personnes qui l'entourent et des environnements différents, contribueront au développement de son intelligence et lui donneront aussi un *sentiment d'appartenance*, c'est-à-dire un sentiment de sécurité quant à sa place dans la famille et, par là même, sa valeur et son importance.

DE SIX À DIX-HUIT MOIS : DÉCOUVRIR LE MONDE AUTOUR DE SOI

Au fur et à mesure qu'il grandit, le bébé a de plus en plus besoin de stimulations variées, de mouvements et d'explorations. Il lui faut élargir ses frontières. C'est également à ce stade qu'il va commencer à prendre des initiatives, car son développement moteur le lui permet de plus en plus. À cet âge, il y a beaucoup à *faire*.

Il est clair que c'est une période au cours de laquelle les parents et éducateurs doivent être très attentifs : il faut surveiller sans cesse le bébé pour assurer sa sécurité sans pour autant l'empêcher de bouger, de toucher et d'explorer.

☆

Un enfant qui reste trop souvent dans un « parc » ou qui est constamment restreint dans ses explorations *risque de manquer de confiance en soi dans le domaine physique* et dans le domaine de la *prise d'initiatives*.

Certains parents ne veulent pas que leur enfant rampe ou marche à quatre pattes parce que « c'est sale par terre ». Il vaut mieux nettoyer que priver l'enfant d'un exercice qui lui est nécessaire. Les bébés qu'on ne laisse pas toucher et explorer peuvent en arriver à enregistrer l'idée qu'ils ne doivent pas agir, et ainsi devenir passifs.

Ceci me rappelle l'histoire (probablement vraie hélas!) de cette dame qui disait à sa fille : « Va voir ce que fait ton petit frère et dis-lui d'arrêter » !

Certains parents ne comprennent pas que le bébé ne se contente pas de ses jouets. La plupart de ces derniers sont pourtant explorés dans toutes leurs dimensions avant d'être délaissés : ils sont regardés, écoutés, manipulés, cognés contre les surfaces environnantes, sentis et goûtés. Il sont ensuite jetés, comme il se doit, pour aller à la rencontre de quelque chose de nouveau !

Le vaste monde est encore plus riche et intéressant qu'un magasin de jouets. Quant aux peluches, elles servent, en général, à combler des besoins affectifs. Certains enfants en raffolent, d'autres ne s'y intéressent que très peu.

Un enfant qui est grondé ou regardé avec réprobation lorsqu'il fait des « bêtises », (c'est-à-dire lorsqu'il touche à quelque chose qui est fragile, qui ne lui appartient pas ou qui est potentiellement dangereux), un enfant à qui l'on dit « non » sans cesse, *peut en arriver à croire qu'il faut choisir entre être aimé ou être actif* et/ou qu'*il y a quelque chose qui ne va pas chez lui.*

Il est clair que ce n'est pas là une base bien aidante pour l'estime de soi et la confiance en soi.

La meilleure attitude consiste probablement à placer hors de portée de l'enfant ce qui est réellement dangereux et ce à quoi l'on tient particulièrement. Si l'on supprime tout ce qu'il peut toucher, on le fait vivre dans un environnement insuffisamment stimulant et si on laisse tout en place, on prend des risques inutiles.

L'enfant doit pouvoir conclure à ce stade que le monde est plein de choses intéressantes à découvrir, qu'il peut le faire, développer ses capacités physiques et recueillir, en même temps, protection et approbation : il doit pouvoir être fier de ses exploits « sportifs » et de ses découvertes.

À ce stade, l'enfant a toujours besoin de beaucoup d'affection. De plus, les interactions avec l'entourage s'enrichissent. Si l'enfant sent que ses progrès sont appréciés et font l'objet d'une admiration sans mélange, c'est de la plus grande importance pour son estime de lui-même.

En effet, il est à un âge où son concept de soi n'est pas établi : il se forme à partir de l'image que son entourage, notamment ses parents, lui renvoie.

Le psychologue américain Howard Gardner a développé l'idée d'intelligences multiples. Ainsi, nous n'aurions pas une mais plusieurs formes d'intelligence : une intelligence *linguistique* qui est celle du langage, une intelligence *logico-mathématique* qui est l'intelligence des nombres et des déductions logiques, une intelligence *spatiale* qui nous permet de nous représenter l'espace et d'imaginer, une intelligence *musicale*, une intelligence *interpersonnelle* qui est la capacité de comprendre les autres, une intelligence *intrapersonnelle* qui nous donne la capacité de nous comprendre nous-mêmes et une intelligence *kinesthésique*. Cette dernière est l'intelligence du corps : la capacité à contrôler nos mouvements, à manipuler les objets avec adresse, la sensibilité tactile et la faculté d'utiliser l'espace avec notre corps.

Bien qu'il soit difficile de séparer l'acquisition de ces différentes sortes d'intelligence, l'acquisition et le développement de certaines d'entre elles sont plus spécifiques d'un certain âge. L'intelligence kinesthésique est particulièrement caractéristique de ce stade de développement où les enfants acquièrent la précision de leurs gestes et l'autonomie de leur locomotion.

En permettant à l'enfant de satisfaire ses besoins physiques dans le climat relationnel chaleureux dont il a besoin, on lui donnera la possibilité de développer harmonieusement cette forme d'intelligence.

Ce point est essentiel : on sait que seuls les enfants qui se sentent en sécurité sur le plan affectif se lancent dans l'exploration. De nombreuses expériences ont été réalisées qui montrent que l'enfant revient périodiquement vérifier que sa mère est toujours là avant de repartir pour de nouvelles aventures. Ces expériences ont également mis en évidence que, à âge égal, plus l'enfant se sent en sécurité sur le plan affectif, plus il va loin et moins il a besoin de vérifier fréquemment. Tout se passe comme si l'enfant, sûr qu'il peut compter sur sa mère quoi qu'il arrive, se permettait d'aller explorer le vaste monde. Celui qui est plus inquiet à ce sujet éprouve le besoin de vérifier plus souvent si elle est toujours là.

Parallèlement, ce que nous avons vu à propos de ses besoins affectifs et de la façon dont nous pouvons y répondre, montre que l'enfant de cet âge développera aussi son intelligence relationnelle. C'est au travers des interactions affectueuses et des jeux avec les proches que le bébé commence à comprendre la signification de ce qu'il perçoit. À la même époque, il va également développer son intelligence intrapersonnelle : grâce à ses interactions avec les autres, bébé apprendra à se percevoir comme une personne différente qui a ses propres besoins, ses propres désirs, c'est-à-dire sa propre individualité.

Bien qu'il commence aussi à développer d'autres formes d'intelligence comme l'intelligence linguistique, musicale (s'il a l'occasion d'entendre de la musique) et même logico-mathématique (avec la notion de cause et d'effet), nous développerons les besoins qui y sont liés avec les stades suivants.

Il est intéressant d'aborder ici l'attitude des parents en ce qui concerne la croissance de leur enfant. Éric Berne, père de l'Analyse Transactionnelle, avait remarqué que nous enregistrons très tôt les messages verbaux et non verbaux qui nous sont envoyés par les personnes importantes de notre vie d'enfant. Certains de ces messages concernent directement le rapport que nous allons entretenir avec le phénomène de croissance. Berne a appelé ces messages parentaux : « Dépêche-toi de grandir » et « Ne grandis pas » (ou « Reste petit »). On a pu constater que les aînés reçoivent assez souvent le premier tandis que les « petits derniers » sont, au contraire, priés de ne pas grandir trop vite. Il s'agit là de statistiques qui, comme chacun sait, ne rendent pas compte du cas particulier de chacun.

C'est néanmoins un phénomène très courant, comme en témoignent des expressions comme : « Il grandira bien assez vite » ou « Il faut en profiter parce que ça ne dure pas » ou « Ils sont si mignons quand ils sont petits ».

Le désir inverse de voir l'enfant grandir rapidement passe souvent de façon plus insidieuse : « Je suis enfin sortie des couches et des biberons », « Quand il ira à l'école, j'aurai un peu de temps pour moi ». Ma mère n'y allait pas par quatre chemins : « Les deux premières années de la vie, c'est un martyre ! » et (au cas où je n'aurais pas bien compris) « heureusement, qu'elle est très raisonnable pour son âge »... Inutile de dire que ces messages influencent de façon déterminante la façon dont l'enfant grandit et dont sa personnalité se développe.

À ce stade, un parent inquiet et trop protecteur invite l'enfant à rester petit. Inversement, un parent qui ne donne pas assez de protection peut engendrer des réactions très différentes. Certains enfants se débrouillent et se protègent eux-mêmes ou deviennent de « petits durs » qui n'ont peur de rien ; d'autres sont paralysés et demeurent extrêmement dépendants beaucoup plus longtemps que les autres, probablement en attente de l'affectueuse protection qu'ils n'ont pas reçue.

L'attitude des parents, influencée par les normes culturelles, peut aussi avoir une incidence sur l'audace en matière d'exploration, selon que l'enfant est une fille ou un garçon. En général, on s'attend à ce que le petit garçon soit plus indépendant, entreprenant et même brutal. Ces comportements seront encouragés, parfois inconsciemment, par des rires ou des réflexions tels que : « C'est un vrai garçon ! » alors que les mêmes gestes chez la petite fille seront plus facilement désapprouvés (même si ce n'est que par un froncement de sourcils) et qualifiés de « brutaux ». On s'attendra également à ce qu'elle soit plus calme et plus affectueuse. En la matière, il est très difficile de faire la part des choses entre ce qui est hormonal, c'est-à-dire génétiquement programmé, et ce qui est induit culturellement. Il me semble qu'il est judicieux de prendre conscience de notre attitude de façon à ne pas induire un comportement différent. Le bébé a les mêmes besoins, qu'il soit fille ou garçon !

Ajoutons que des problèmes aussi variés que la dyslexie, les difficultés à reconnaître la droite de la gauche, la maladresse, les difficultés rencontrées dans les disciplines sportives et les problèmes pour s'orienter dans l'espace peuvent avoir pour origine une réponse inadaptée aux besoins de ce stade. Ramper, marcher à quatre pattes, monter et descendre les escaliers, escalader, même au prix de quelques chutes, est nécessaire à l'épanouissement du bébé mais aussi de l'enfant et de l'adulte qu'il sera.

☆

En résumé, rappelons que c'est à ce stade (6-18 mois) que l'enfant met en place les bases de son rapport à l'initiative et à l'action, et que l'assurance que donne une bonne relation à son corps et à l'espace joue un rôle déterminant dans la confiance en soi qu'il va développer en grandissant.

DE DIX-HUIT MOIS À TROIS ANS : RÉFLÉCHIR ET S'AFFIRMER

C'est l'âge où l'activité cognitive se développe de façon particulièrement intense. Dans la première partie de cet ouvrage, nous avons insisté sur l'idée que c'est grâce à notre faculté de réflexion que nous sommes capables d'acquérir les capacités nécessaires pour pouvoir nous faire confiance. Alors que le premier stade est essentiellement lié à l'estime de soi au niveau le plus basique, notre valeur et notre importance intrinsèques, ce stade est tout simplement important pour la confiance en soi et l'estime que nous pourrons nous accorder en sachant que nous pouvons compter sur nous. Or il est impossible de compter sur soi si l'on n'est pas capable de réfléchir !

L'enfant a donc besoin d'un environnement particulièrement stimulant. Plus son champ d'exploration est large et riche, mieux c'est. En gardant à l'esprit que la sécurité matérielle et le sentiment de sécurité doivent rester des critères importants, on fera donc le maximum pour lui proposer des occasions de rencontrer des personnes et des situations diverses, d'explorer et de tester différents environnements. Certains parents emmènent leurs enfants en voyage, au musée, leur font écouter de la musique. C'est une bonne idée… à condition de ne pas en faire une épreuve pénible mais une occasion de jeu et de plaisir qui sont les meilleurs compagnons de l'apprentissage.

C'est en général à cet âge que l'enfant se met à parler couramment. Parallèlement, il établit des liens entre les choses et réfléchit en termes de causes et d'effets. On peut l'y encourager en discutant avec lui et, éventuellement, en révisant les conclusions hâtives.

Un jour, un petit voisin venu jouer avec mes enfants remarque que la poubelle qui se trouve dans la cuisine est différente. Je confirme qu'elle est neuve. Il s'ensuit le dialogue suivant :

> Lui : « Qu'est-ce que tu as fait de l'autre ?
>
> Moi : Elle était vieille, je l'ai jetée.
>
> Lui, inquiet : Et moi alors, quand je serai vieux, on me jettera ? »

Comme il se doit, je l'ai rassuré. Aujourd'hui, il m'arrive de me demander si notre organisation sociale actuelle ne donne pas certains fondements à son inquiétude.

Bien entendu, les besoins des stades précédents restent présents : l'enfant continue à acquérir de l'assurance dans son exploration de l'environnement et les besoins affectifs restent très importants. Ils le sont d'autant plus que c'est lors de cette phase que le bébé va prendre pleinement conscience qu'il est une personne à part entière et acquérir une certaine indépendance. Ceci ne va pas sans angoisse. Individuation veut dire séparation. Si je suis un individu distinct de ma mère, je suis séparé d'elle ! L'enfant est partagé entre son désir de s'affirmer et de prendre de l'autonomie et son besoin d'être aimé et d'être proche. Ainsi, se succèdent des périodes où l'enfant s'affirme en disant « non », « je ne veux pas », en se mettant en colère, pour tester les frontières de la relation, et des périodes où il est plus câlin et plus accommodant.

Le problème posé est le suivant : « Puis-je être séparé, différent ? Puis-je ressentir ce que je ressens et penser ce que je pense ? Puis-je faire ce que je veux en m'appuyant sur mes propres envies et mes propres déductions… et continuer à être accepté et aimé ? »

Nous pouvons imaginer à quel point la réponse qu'il va donner à toutes ces questions est importante pour la confiance en soi qu'il va développer.

On comprend aussi à quel point les réactions des parents au cours de cette étape de développement sont délicates. L'enfant a toujours besoin de protection. Il n'est donc pas question de le laisser purement et simplement faire ce que bon lui semble. De plus, il a aussi besoin d'un cadre clair qui lui permette de comprendre qu'il n'est pas tout-puissant et qu'il doit compter avec les autres !

L'idée directrice doit rester la même : l'enfant peut tester. Si les limites des parents sont intelligibles et cohérentes et s'ils prennent bien soin de faire la différence entre l'enfant et ce qu'il fait, tout ira bien. Il est incontestable que l'enfant doit être aimé et accepté inconditionnellement. En revanche, ses actions pourront donner lieu à des réactions diverses en fonction des circonstances et des règles de la famille. Ainsi, elles pourront être, selon le cas, observées avec bienveillance, encouragées ou réprimées.

De nombreux parents se demandent comment faire pour établir une différence entre l'enfant et ce qu'il fait. Je ne saurais trop conseiller de se méfier du verbe « être » lorsqu'il est suivi d'un adjectif, surtout lorsque celui-ci est désobligeant. Ainsi, on évitera à tout prix : « Tu es insupportable, méchant, idiot » (ou « il est insupportable », dit à une tierce personne en la présence de l'enfant, ce qui n'est pas mieux). On dira plutôt : « Arrête de *faire* telle chose… et fais telle autre à la place. » En effet, il ne suffit pas de dire ce qu'il ne faut pas faire, il faut donner des solutions de rechange. À ce stade, il est souvent aussi simple de montrer ce qu'il ne faut pas faire en disant « non » d'un ton ferme et en retirant l'objet dangereux tout en en donnant un autre à la place.

Bien entendu, le chantage est également à proscrire : nous avons déjà évoqué le chantage au sentiment (« Si tu fais ça, maman ne t'aime plus ») qui laisse à penser qu'il existe bien une incompatibilité entre agir selon son propre jugement (ou selon ses sentiments, ses envies) et être aimé. En outre, ce type de chantage induit également une confusion entre les niveaux logiques de l'identité (être aimé) et des capacités (apprendre à penser, faire…)

L'attitude non verbale s'avère également très importante dans ce domaine. La réprimande doit être faite dans l'instant. Bouder ou continuer à lui parler comme à un criminel est inapproprié. Le parent qui adopte cette méthode croit qu'ainsi l'enfant se rappellera qu'il ne faut pas faire telle chose. En réalité, il se rappellera surtout que, si l'on ne fait pas ce que papa ou maman veut, on risque d'être rejeté. Si le parent adopte cette attitude de façon répétitive, l'enfant risque fort de généraliser cette conclusion et de se comporter dans la vie en adéquation avec sa croyance.

Une mention spéciale mérite d'être faite à propos des repas. Nombre de parents s'inquiètent beaucoup trop vite si l'enfant refuse de manger et adoptent des attitudes rigides. Il est impératif de ne pas transformer un moment dévolu à la satisfaction de besoins physiques en occasion d'affrontement psychologique. Tout d'abord, l'enfant a probablement besoin de rester à jeun (à cet âge, et si la relation aux adultes n'est pas détériorée à propos des repas, un enfant est en contact avec ce qui est bon pour lui dans ce domaine). De plus, mieux vaut savoir que l'enfant « gagnera » toujours, même si tout le monde y perd : de même qu'on ne peut pas faire boire un âne qui n'a pas soif, on ne peut faire manger un enfant qui n'a pas faim.

Or rien ne coupe l'appétit comme la perspective d'un affrontement avec la mère! Même si l'on croit que l'enfant essaie de s'opposer en refusant la nourriture (ce qui n'est pas sûr), on le laissera néanmoins manger ce qu'il désire, pas plus, ni moins. Il aura meilleur appétit au repas suivant ou le lendemain.

☆

Forcer un enfant équivaut à lui dire qu'on sait mieux que lui ce qu'il ressent au niveau de sensations aussi personnelles que la faim ou la soif. C'est très préjudiciable pour l'acquisition de son autonomie et la confiance qu'il peut s'accorder. Il doit pouvoir repérer ses besoins et les satisfaire. Le parent est là pour l'y aider, pas pour perturber le fonctionnement du mécanisme!

En outre, il est dangereux d'établir avec lui un rapport de force. Ce type d'attitude est à l'origine de bon nombre de cas d'anorexie chez le petit enfant. De plus, il est très cruel (songez à la différence de pouvoir) et tout à fait inutile si l'on pense en termes d'objectifs à atteindre. Ou c'est l'objectif qui est mal formulé, ou il existe un meilleur moyen que la force pour l'atteindre.

L'attitude des adultes en fonction du sexe de l'enfant peut également influencer son évolution lors de cette phase. Nous avons vu que c'est le moment de l'individuation et de l'exploration. Différentes recherches sociologiques montrent que, dans l'ensemble, l'autonomie et l'initiative sont davantage encouragées chez les garçons. En conséquence, il est plus courant de trouver des petites filles qui « choisissent » la dépendance plutôt que les risques encourus lorsqu'on se sépare, et qui réduisent leur curiosité et leur esprit d'entreprise. Les garçons seront davantage poussés à se confronter au monde extérieur et à tester leur force, parfois au détriment de leur besoin de soutien et de sécurité.

La plupart des parents n'agissent pas dans ce sens de façon consciente. Il est donc utile de surveiller notre attitude pour ne pas reproduire involontairement les tendances culturelles dont nous avons été nous-mêmes les victimes.

Nous avons évoqué précédemment l'attitude des parents en ce qui concerne la rapidité de l'évolution. Le parent qui désire que l'enfant reste petit encouragera la dépendance quel que soit le sexe de ce dernier. Plus tard, l'adulte risque de se montrer conciliant même s'il n'est pas d'accord au fond de lui, même s'il est en colère. Nous trouvons ici les racines de la difficulté à s'affirmer ! De plus, l'adulte qui n'a pas appris à affirmer ses propres besoins et opinions a également tendance à éviter de penser par lui-même et à laisser cette tâche aux autres (par exemple le conjoint). Nous retrouvons ici l'origine de la difficulté à prendre sa responsabilité pour sa propre vie.

Si, au contraire, le parent désire que l'enfant grandisse vite, il risque de l'inciter à se conduire de façon autonome avant qu'il ne soit prêt. L'adulte ainsi « poussé » à grandir trop vite aura sans doute des problèmes avec sa peur. Pour éviter de la ressentir, il aura tendance à vouloir contrôler l'environnement et à se montrer rigide. Il pourra aussi avoir des problèmes avec la proximité et préférer rester sur ses gardes plutôt que de risquer de dépendre. Nous nous trouvons ici devant l'une des origines possibles du sentiment que nous n'avons pas de *valeur intrinsèque*. Pour en avoir, il faut apprendre à *faire le nécessaire pour savoir se débrouiller tout seul !* (rappelons que l'autre origine est un maternage défectueux ou insuffisant lors du premier stade, ou des deux premiers stades).

DE TROIS À SIX ANS : CHOISIR UNE PERSONNALITÉ ET UN PLAN DE VIE

C'est l'âge des questions, et même des questions fondamentales. « Comprendre » est le mot-clé. L'enfant veut tout savoir : qu'est-ce que ça veut dire, quelles sont les conséquences de ses actes, quelle est la cause de ce qu'il observe, pourquoi est-il une fille et non un garçon (ou inversement), qu'est-ce que cela implique, qu'est-ce qui est « vrai » et qu'est-ce qui ne l'est pas, etc. En fonction des réponses qu'il va obtenir, des situations qu'il va expérimenter et de l'interprétation qu'il va en faire, il va se constituer une idée de qui il est, de ce qu'est le monde, de ce qu'il devrait être et de ce qu'il va pouvoir y faire.

Certaines personnes sont très surprises qu'un enfant d'un âge si tendre soit capable de décider de choses aussi capitales que « qui je suis » et « ce que je veux faire de ma vie ». C'est pourtant ainsi que les choses se passent.

Il y a deux façons de vérifier. La première est d'interroger un enfant de cinq ou six ans sur la vie et sur ses projets quand il sera grand. Bien entendu, cela demande du doigté et surtout d'avoir au préalable établi avec lui une relation de confiance. On ne raconte pas ces choses-là à n'importe qui !

La seconde est la vérification que nous effectuons lorsque nous entreprenons une psychothérapie et que nous découvrons que nos croyances sur nous-mêmes, sur les autres, sur le monde ainsi que les orientations les plus fondamentales de notre existence ont été fabriquées par une toute petite personne, à partir d'événements jugés suffisamment marquants ou répétitifs pour être significatifs.

Il est donc manifeste que ce quatrième stade est tout aussi important que les trois premiers, et notamment en ce qui concerne l'estime de soi. En effet, la réponse à « qui suis-je ? » est fondamentale et c'est à ce stade que l'enfant va décider s'il est ou non important.

Bien entendu, toutes les réponses que l'enfant va donner aux questions qu'il se pose sont l'aboutissement des expériences qu'il a vécues dès l'origine de sa vie. Pourtant, ce n'est que vers la fin de ce quatrième stade que la maturation de son système nerveux lui permettra d'organiser sa pensée et de tirer des conclusions. Parallèlement, il décidera de la conduite à tenir.

Or nos apprentissages ne nous servent guère si nous ne pouvons pas les utiliser ultérieurement. La plupart d'entre eux font donc l'objet d'une généralisation. Si j'appuie sur ce bouton et que la lumière s'allume, elle s'allumera la prochaine fois que j'appuierai. J'ai même toutes les raisons de penser que, dans une autre pièce, un bouton similaire produira le même effet. Pour peu que je teste et que ça marche, me voilà sûr(e) de mes conclusions.

Or une généralisation peut s'avérer aidante dans certains cas et catastrophique dans d'autres.

Supposons que Pierre est le dernier d'une série de quatre garçons et que l'organisation familiale est telle qu'il finit par conclure qu'il n'a pas beaucoup d'importance, qu'il faut en faire beaucoup pour obtenir un peu d'attention et qu'il faut se méfier parce que les autres (ses frères plus âgés) sont les plus forts et ne sont pas toujours très bien intentionnés. Il risque également d'en conclure qu'il n'est pas « à la hauteur » pour se défendre. Tout ceci n'étant pas vraiment bon pour son estime de soi ! Or ce qui est « vrai » dans cette circonstance (en tout cas, c'est ainsi que le petit Pierre le vit) ne devrait pas nécessairement l'être dans toutes les autres circonstances de sa vie future.

En fait, malheureusement, il y a de fortes chances pour que Pierre généralise ses conclusions. Il ne lui restera plus qu'à organiser sa vie et à interpréter les attitudes des autres de telle façon qu'il puisse vérifier qu'il a raison.

Aussi étonnant que cela paraisse, il ne s'agit pas d'un exemple isolé mais d'un cas d'école.

☆

Nous préférons un monde prévisible, même s'il n'est pas très drôle, à un monde où il est impossible de savoir à quoi s'attendre.

À la question : « Que faites-vous dans la vie ? », un de mes collègues et ami a une réponse dont l'humour déroute parfois :

« Je valide mes croyances à plein temps » dit-il sobrement. À coup sûr, il n'est pas le seul !

Ce que nous pouvons faire de mieux pour que l'enfant ne généralise pas trop vite est d'éviter nous-mêmes de tirer des conclusions générales à partir d'un exemple. Ainsi, plutôt que de dire : « C'est un égoïste, d'ailleurs tous les hommes sont ainsi ! » on préférera : « Je trouve qu'il a *agi* de façon égoïste, heureusement qu'il ne fait pas ça *tout le temps*. » Attention, « heureusement que *tout le monde* n'est pas comme ça » évite la généralisation à toute la catégorie des êtres humains mais ne laisse guère de place pour l'exception à la « règle » chez cette personne.

Ne rêvons pas, il est impossible d'empêcher un enfant d'établir des conclusions et des règles à propos de ce qu'il constate autour de lui. Nous avons tous besoin d'une « carte » du monde (ou d'un modèle du monde) pour nous repérer et nous diriger. Il s'agit plutôt d'éviter que ces conclusions et ces règles ne soient considérées comme immuables. L'idéal est d'installer une « Méta-règle » qui implique que nos conclusions et nos règles sont, en quelque sorte, des *hypothèses*. (Le mot « peut-être » est à promouvoir sans hésiter.) Ces conclusions et règles ne sont donc pas définitives.

C'est en montrant l'exemple que nous serons le plus efficaces. Les êtres humains, y compris lorsqu'ils sont tout petits, sont comme saint Thomas : ils croient ce qu'ils voient, même si les mots disent le contraire !

Fleur, quatre ans et demi, est très en colère : « C'est toujours lui qui a tout, je le déteste, tu es méchante ! (elle parle à sa mère à propos de son petit frère de deux ans).

Marie-Catherine : Tu es très en colère parce c'est lui qui a eu le ballon. Tu te dis qu'il passe toujours avant toi et que ce n'est pas juste !

Fleur : Oui et c'est vrai !

Marie-Catherine : Moi je ne crois pas, mais je peux me tromper. Alors, si tu veux, voilà ce qu'on va faire : chaque fois que tu as l'impression qu'il passe avant, tu me le dis et chaque fois que j'ai l'impression que c'est toi, je te le dis. D'accord ?... Après on compte les fois (*avec un sourire*).

Fleur, qui s'est calmée en écoutant, perçoit la plaisanterie à propos du compte et sourit également à travers ses larmes : D'accord mais je veux un ballon aussi.

Marie Catherine : D'accord, on en achètera un demain en faisant les courses. »

(Pour la bonne compréhension de ce dialogue, ajoutons que le ballon était un ballon gonflable publicitaire qui se trouvait en exemplaire unique dans un article d'épicerie.)

Certains trouveront peut-être que les choses s'arrangent bien facilement et que leur fille (ou fils) serait plus difficile à convaincre.

Tout dépend de l'état de la relation avant l'incident et du degré de « certitude » à propos du « je passe après » ou « je ne suis pas aussi important(e) que lui ou qu'elle ou que les autres ». Il est clair que la relation est saine entre Marie-Catherine et sa fille. Le fait que Fleur ose dire ce qu'elle pense directement en est la preuve. Même dans les cas où la relation est plus difficile, le dialogue peut être rétabli mais il faut parfois un peu de temps et de persévérance dans la même attitude compréhensive de la part des parents.

Le jeu en vaut la chandelle car c'est l'époque où l'enfant décide de qui il est. S'il a mis en place une bonne estime de soi à cet âge, il a de fortes chances de la garder. De plus, comme nous l'avons dit, c'est autour de six ans qu'il va décider du genre de vie qu'il va mener. Ses projets seront évidemment plus attrayants et optimistes s'il croit en ses capacités.

Rappelons que, si ce n'est pas le cas, les choses peuvent heureusement être modifiées par la suite.

11

DE LA « GRANDE ÉCOLE » À L'ÂGE ADULTE

L'apprentissage de l'autonomie

DE SIX À TREIZE ANS : ACQUÉRIR ET INTÉGRER D'AUTRES RÉFÉRENCES

Six ans, c'est l'âge de la « grande école ». Cette étape essentielle représente une transition entre le monde de la famille et le monde extérieur. Jusque-là, les explorations et la modélisation se sont faites essentiellement autour et à partir du foyer. Même si l'enfant allait à la maternelle, la référence restait « la maison ». À six ans, l'exploration s'élargit et les références se diversifient : « La maîtresse a dit » et « Mon copain, lui, il fait comme ça » ou, vers huit ans : « La mère de Charles lui permet de le faire, pourquoi moi je n'ai pas le droit ? »

Ceci repose donc la question du besoin de sécurité à concilier avec le besoin d'autonomie. Il est évident que les règles à adopter varient beaucoup avec le degré de sécurité de l'environnement et avec l'âge de l'enfant. À six ans, dans un village ou une petite ville, un enfant peut aller à l'école la plus proche. Dans une grande agglomération, il n'est pas prêt à prendre le métro tout seul !

De plus, dans ce domaine, il y a une énorme différence entre les besoins d'un enfant de six ans et ceux d'un adolescent de treize ans. Les mesures à prendre devront donc évoluer très rapidement dans cette plage de temps de façon à permettre à l'enfant de jouir du maximum d'autonomie possible, en tenant compte de sa personnalité, de ses désirs et sans que sa sécurité en souffre.

Dès le début et tout au long de cette période de sept années, l'intérêt de l'enfant se porte sur ce que les « autres » (à l'extérieur) font et comment ils le font. Autrement dit, il cherche à connaître d'autres modèles, d'autres façons de faire les choses pour se les approprier ou pour les rejeter. Il veut à la fois diversifier ses compétences et se forger sa propre opinion sur ce qu'il faut acquérir et ce dont il ne veut pas.

Par ailleurs, confronté à d'autres environnements et d'autres modèles du monde, il se demande aussi quelles sont les valeurs des autres : au nom de quoi agissent-ils ? Il comparera avec les normes du foyer et il se fera ainsi une idée de ce qui lui plaît et de ce qui ne lui convient pas. Bien entendu, à six ans, les parents ont (presque) toujours « raison » ; à treize ans, ce n'est plus tout à fait la même chose !

Comme on peut le remarquer, si l'on se réfère aux caractéristiques nécessaires pour avoir une bonne estime de soi et pour se faire confiance, tout ceci est excellent !

☆

Les problèmes qui peuvent éventuellement se poser entre 6 et 13 ans sont très liés à l'estime de soi des parents. Lors des stades précédents, ils étaient la référence absolue. La façon dont ils vont agir lorsque ce ne sera plus le cas est déterminante pour la construction de la confiance en soi de leur rejeton.

Le parent qui manque d'estime de soi et qui sent son autorité contestée parce que l'enfant cherche des modèles ailleurs risque de se sentir déstabilisé. Il pourra alors se montrer rigide, critique ou dévalorisant. L'enfant est susceptible d'en déduire qu'il y a conflit entre son désir d'être accepté et aimé et son désir d'explorer, de diversifier ses sources d'information et de se faire sa propre opinion sur le vaste monde. Ses réactions peuvent être très différentes, en fonction de ce qui s'est passé auparavant et de la personnalité qu'il a adoptée.

En effet, n'oublions pas que les stades précédents ont une influence déterminante sur ceux qui suivent. En particulier, le désir des parents à propos de la rapidité de la croissance (dépêche-toi de grandir ou reste petit) influence l'attitude de l'enfant. Ainsi, il aura tendance à se comporter comme un grand ou, au contraire, comme un bébé. Or les deux attitudes empêchent l'enfant de satisfaire ses besoins.

S'il veut se comporter comme s'il était plus âgé et plus « raisonnable », il aura tendance à cacher sa peur et à faire semblant de tout maîtriser. Dans ce cas, il saura très bien prendre soin de ses besoins au niveau intellectuel. Comme il doit comprendre vite, il va sans doute développer aisément son intelligence logico-mathématique et son intelligence linguistique. Il perçoit les causes, les conséquences et ce que les choses veulent dire. En général, il sait très bien s'exprimer et sera probablement bon élève sans pour autant avoir besoin d'aide. Il veut progresser car il sent qu'il lui faut prendre soin de lui-même. Pour les mêmes raisons, il développera sans doute aussi son intelligence interpersonnelle. Pour être à l'abri, il faut comprendre les autres, anticiper leurs réactions et réfléchir vite.

À première vue, on pourrait penser que c'est là une attitude qui favorise l'estime de soi. Il est vrai que ce type d'adaptation aide l'enfant à acquérir bon nombre des capacités nécessaires pour savoir se débrouiller dans la vie. En revanche, il peut croire qu'il n'a de valeur que parce qu'il se comporte de façon appropriée au désir des parents. Il y a donc un risque qu'il n'ai pas conscience d'avoir de la valeur et de l'importance en lui-même. Il faut *faire bien* pour *être* « ok ».

De plus, l'enfant qui joue les grands a souvent beaucoup de mal à satisfaire ses besoins affectifs. Il a tendance à placer la relation sur un plan rassurant : celui des débats d'idées et des contestations sur ce qui est bien et ce qui ne l'est pas. Il se forge des certitudes et veut avoir raison. De plus, il a tendance à prendre soin des autres alors même qu'il aurait besoin qu'on prenne soin de lui. Plus tard, il risque de perpétuer ce problème et/ou de tenir les autres à distance par peur de l'intimité ou, pour être plus exact, par peur des risques que cela implique. Bien qu'il n'en soit pas réellement conscient, tout se passe comme s'il se disait : « À quoi bon prendre le risque de m'attacher et de souffrir puisque, de toute façon, personne ne prendra soin de moi ! »

Ajoutons que l'enfant aura probablement du mal à développer son intelligence intrapersonnelle. En effet, il apprendra sans doute très vite à se couper de ses sentiments déplaisants. Il y a donc une probabilité non négligeable pour qu'il en arrive à ignorer lui-même ce qu'il ressent. Une des adaptations possibles de l'enfant qui est poussé à être grand et à prendre soin de lui-même trop vite est le : « Tout va très bien, Madame la marquise. » Il redéfinit la situation en voyant le bon côté des choses. Cela a certes des avantages — et je sais de quoi je parle — mais l'autruche qui garde la tête dans le sable se protège-t-elle vraiment ? La caricature de ce genre d'adaptation est le gentleman anglais, bien éduqué dans un internat chic où l'on a fait de lui « un homme ». Raide et impassible, il garde son flegme et son sang-froid en toutes occasions... même dans l'intimité.

L'enfant qui pense qu'il doit rester petit pour plaire à ses parents (ou à l'un des deux) risque d'avoir les problèmes inverses. Il est fort possible qu'il ne tienne pas compte de ses besoins intellectuels et psychologiques et qu'il joue les incapables pour qu'on prenne soin de lui et qu'on l'accepte. Pour se faire aimer, il va se montrer charmant et conciliant même lorsqu'il est en colère. Il laissera les autres penser et décider à sa place.

Devenues adultes, des personnes très intelligentes et capables se sentent poussées à cacher ce qu'elles savent et ce qu'elles peuvent faire en adoptant une attitude gauche ou irréfléchie. Le résultat est qu'elles sont souvent dévalorisées. Elles en ressentent alors de la colère qu'elles ne se donnent pas l'autorisation de montrer de peur de perdre l'amour ou l'acceptation de leur entourage.

La caricature de ce type d'adaptation est bien représentée par la charmante écervelée, la femme-enfant qui n'a (soi-disant) pas grand-chose à dire, mais qui a une apparence plaisante et qui boude lorsqu'elle n'obtient pas ce qu'elle veut.

On aura sans doute remarqué que la caricature de la première adaptation est masculine et la seconde féminine. Les stéréotypes ont la vie dure mais, hélas, les incitations éducatives programmées par la culture aussi. Bien entendu, il existe de nombreuses exceptions à cette « règle ».

À ce stade de son développement, l'enfant cherche également à savoir ce que c'est que d'être un garçon ou une fille. Il ne s'agit donc pas de prétendre que c'est la même chose. Nous devons seulement nous montrer vigilant pour ne pas fabriquer de façon inconsciente et irréfléchie de petites poupées à leur papa et de petits durs qui ne ressentent plus rien à force de prétendre qu'il en est ainsi.

Ces exemples permettent de mieux comprendre les besoins essentiels de ce stade.

☆

L'enfant de 6 à 13 ans doit être encouragé à grandir à son rythme, à penser par lui-même, à s'intéresser à des modèles différents de ceux qui sont proposés par la famille, à trouver son identité sexuelle sans s'identifier à des stéréotypes et sans pour autant renoncer à l'expression de ses besoins intellectuels et affectifs, à exprimer ses idées et son désaccord sans que cela empêche la tendresse, l'amour inconditionnel et les moments de câlin, comme quand il était plus petit.

Certains parents se sentent submergés par cette tâche. Ce qui revient le plus souvent est : « Alors il a le droit de tout faire et moi je ne dois rien dire ! »

Certes non, l'enfant a toujours besoin de limites. Ne pas en mettre revient d'ailleurs à lui demander de grandir trop vite car il est encore trop jeune pour les fabriquer lui-même. Encore une fois, ce n'est pas tant la nature des règles que nous édictons qui est problématique, c'est plutôt la façon dont nous nous y prenons pour les faire respecter qui est déterminante. Bien sûr, il faut réfléchir aux règles de fonctionnement et nous montrer cohérents dans notre façon de les appliquer et de les vivre nous-mêmes mais ce qui importe le plus c'est le « comment » nous allons nous y prendre pour les faire appliquer.

Voici un exemple de ce que l'on peut dire à un petit contestataire situé dans cette tranche d'âge : « Je comprends que tu voudrais (*reformuler la revendication*) mais ici (*ou à ton âge*), la règle c'est ça (*exprimer la règle clairement*). Quand tu seras grand, tu vivras dans ta propre maison et *tu pourras choisir d'autres règles et les appliquer à ta façon.* »

Dit avec fermeté et bienveillance, une phrase comme celle-ci a plusieurs effets désirables. Tout d'abord elle est déculpabilisante pour le parent lui-même : il doit mettre des limites et il affirme clairement son droit au choix de ces dernières. Elle est également déculpabilisante pour l'enfant : il n'est pas un délinquant qui a contrevenu ou qui veut remettre en cause une règle de droit divin, il teste juste pour savoir s'il peut ou non faire ce qu'il veut dans tel domaine. De plus, cette affirmation, si elle est faite sans colère, affirme qu'il est possible d'adopter d'autres règles. C'est précisément ce dont l'enfant a besoin à ce stade. Certes, cela ouvre la porte à une discussion à ce propos : « Pourquoi cette règle et pas une autre ? » Selon le cas, on pourra donner des raisons cohérentes en réaffirmant que c'est notre logique à nous, dire que c'est avec cette règle-là qu'on se sent le plus en accord ou remettre la discussion à plus tard si l'on veut préparer une réponse claire et adaptée à l'âge du jeune questionneur : « Je ne suis pas disponible pour parler de ça maintenant mais si tu veux, on peut le faire ce soir au moment du goûter (*ou tout autre moment défini avec précision*). »

À propos de la pluralité des opinions et des règles ainsi que du besoin de trouver ses propres valeurs, il est un point important à souligner. Adopter une valeur, une idée, une règle de conduite suppose souvent qu'on en exclue d'autres. De là à exclure par la même occasion les personnes qui professent ces idées, ces valeurs et ces règles, il n'y a qu'un pas et il est vite et allégrement franchi à cet âge.

☆

Le parent a également pour tâche de veiller à ce que l'enfant respecte les personnes qui ne pensent pas ou qui ne vivent pas comme lui. Inutile de préciser que, là encore, c'est l'attitude des parents eux-mêmes qui sera modélisée.

Les propos racistes et les réflexions désobligeantes sur les habitudes et les idées différentes auront plus d'influence que quelques belles paroles sur la nécessité d'être tolérant.

Notons que les besoins spirituels à cet âge sont très importants puisque c'est entre six et treize ans que l'enfant va adopter un ensemble de valeurs personnelles et apprendre à vivre en accord avec elles pour satisfaire sa vision du monde et remplir le rôle qu'il aspire à y jouer. On pourra aussi l'aider à nourrir ce besoin en lui donnant l'occasion d'aimer et de respecter la nature, en lui permettant de s'exprimer de façon artistique dans un ou plusieurs domaines de son choix.

Dans la mesure où c'est en général à ce stade que les parents commencent à donner une éducation religieuse à leurs enfants, il est essentiel qu'ils réfléchissent à l'avance à ce que cela représente pour eux. Pour qu'elle ait un sens pour l'enfant et qu'elle nourrisse ses besoins spirituels, la religion doit être réellement partagée et vécue par la famille (ou tout au moins par l'un des parents). Dans le cas contraire, l'incohérence de la chose ne passera pas totalement inaperçue. Le risque est que l'enfant renonce à vivre éveillé (pour ne pas voir la supercherie) ou, en général un peu plus tard, ne rejette tout en bloc en faisant un amalgame entre religion et tartuferie et, ce qui est encore plus regrettable, entre religion et spiritualité.

DE TREIZE ANS À L'ÂGE ADULTE : ACQUÉRIR LA LIBERTÉ ET L'INDÉPENDANCE

Ce stade de transition d'une grande importance donne souvent lieu à des crises plus ou moins difficiles à vivre pour l'adolescent comme pour sa famille. À treize ans, on est encore un enfant. En quelques années, on va devenir un adulte On a encore des besoins d'enfant, mais on cultive l'indépendance et l'on tient à être considéré comme quelqu'un d'adulte.

Il est difficile de dire à quel âge une personne est « adulte ». En effet, tout dépend de la définition que l'on donne à ce terme. Le *Petit Larousse* propose : « Qui a grandi. Qui a terminé son adolescence. Qui est parvenu au terme de sa croissance. » S'il s'agit d'avoir grandi ou terminé sa croissance, certains enfants atteignent très vite leur taille définitive et ne prennent plus un centimètre après quinze ans. Ils ne sont pas pour autant « adultes ». Pour ce qui est d'avoir terminé son adolescence, nous nous approchons de ce dont il s'agit en matière de stades de développement. La question devient alors : quand avons-nous terminé notre adolescence ? La réponse à une telle question nous renvoie à notre problème de départ. Il est hasardeux de donner un âge précis car tout le monde ne fonctionne pas de la même façon.

Il est cependant une notion qui peut nous permettre de savoir quand une personne est devenue adulte, c'est la notion d'*autonomie*.

☆

Est autonome une personne qui est libre, indépendante et responsable d'elle-même.

Elle est capable de subvenir à ses différents besoins. Elle peut prendre soin d'elle-même, physiquement, matériellement et psychologiquement. Autrement dit, elle peut subvenir a ses besoins sur le plan financier, faire ses propres choix, prendre ses propres décisions, résoudre elle-même ses difficultés. Elle est également autonome sur le plan affectif.

Une telle définition de l'âge adulte lié à l'autonomie et à sa définition permet de comprendre qu'à dix-huit ans, l'âge officiel, la plupart des individus ne le sont pas. On peut même se demander si nous devenons un jour totalement « autonomes » ! Il est en tout cas clair qu'un certain nombre, si ce n'est un nombre certain, de personnes ne l'atteignent jamais et restent d'éternels adolescents.

Comme nous l'avons dit, c'est précisément lorsqu'une personne n'arrive pas à satisfaire elle-même ses besoins qu'elle ne parvient pas à être autonome. C'est donc en considérant ceux qui sont spécifiques à ce stade que nous pourrons le mieux cerner les conditions nécessaires pour accéder, autant que faire se peut, à l'état de personne « adulte ».

Dans la mesure où il s'agit d'une période qui commence vers l'âge de treize ans et qui se termine lorsque la personne devient « raisonnablement » autonome, les adolescents et jeunes personnes n'ont évidemment pas exactement les mêmes besoins au fur et à mesure que le temps passe. Il y a cependant des thèmes centraux.

Les besoins physiques

Le premier thème est celui de la transformation physique. Les changements, notamment hormonaux, transforment le corps du jeune garçon et de la jeune fille et les poussent à intégrer la sexualité dans leur identité : comment être un homme ou une femme et comment vivre sa sexualité ?

Être un homme, être une femme et vivre sa sexualité posent certains problèmes. Tout d'abord des problèmes de choix, même si ces derniers ne sont pas entièrement conscients, et d'autre part, des problèmes dans la relation aux parents. En fonction des époques et des latitudes, l'accès à l'âge adulte et la reconnaissance des besoins sexuels des jeunes sont ou ne sont pas liés et l'attitude varie beaucoup. Elle va des rituels initiatiques de certaines populations (après la cérémonie ou le rituel de passage, le jeune est adulte et considéré comme sexuellement mature) à la répression pure et simple de la sexualité (des deux sexes ou des filles seulement).

Dans nos contrées et encore récemment, l'accès à l'âge adulte a été implicitement lié au service militaire (qui était censé faire du jeune « un homme ») ou au mariage pour les filles. Ne disait-on pas une « vieille fille », comme si une femme non mariée n'avait pas droit au titre de femme ? Aujourd'hui, les problèmes sont différents mais, quels que soient l'époque ou le lieu, la nécessité de choisir l'expression de sa sexualité et les pressions sociales existent nécessairement. En ce qui concerne le choix et en fonction des cultures, un comportement homosexuel peut être acceptable ou tout à fait tabou. Or la question se pose souvent à cet âge. À ce propos, il est très important de faire attention aux mots que nous employons : « comportement homosexuel » est différent d'homosexualité. En termes de niveaux logiques, le comportement homosexuel se situe, bien sûr, au niveau… du comportement ! L'« homosexualité » est souvent liée à l'identité : « Il *est* homosexuel. » Or il est important de comprendre qu'un choix n'est jamais qu'un choix. Il n'est pas nécessairement définitif, surtout à ce stade. Il est donc très maladroit de laisser entendre qu'un comportement, quel qu'il soit, est la marque d'une caractéristique identitaire. Il semble, en effet, qu'en l'absence d'une forte pression culturelle, un certain nombre d'adolescents des deux sexes éprouve le besoin d'explorer leur sexualité avec un partenaire du même genre. Ce peut être une façon de mieux se connaître soi-même, à moins que ce dernier ne soit perçu comme plus rassurant parce que plus similaire. Une attitude de respect est essentielle de la part des parents : il n'est plus temps de décider pour le jeune de la façon dont il gère sa sexualité. Respecter le jeune homme ou la jeune fille dans ses choix de vie et, en particulier, dans ses choix en matière de sexualité ne veut pas dire qu'il n'est pas utile d'en parler avec lui ou avec elle, ni que certaines informations ou conseils n'ont pas leur place. Encore une fois, tout dépend de la façon de le faire. Il est clair, par ailleurs, que si l'adolescent adopte des comportements dangereux dans ce domaine (comme dans un autre), il y a un problème et que, là aussi, il faut réagir.

Les besoins de liberté et d'indépendance

Comme il s'agit essentiellement à ce stade de l'accès à l'indépendance, la plupart des parents d'adolescents se plaignent du phénomène suivant : le jeune homme ou la jeune fille veut tous les avantages de la liberté et de l'indépendance combinés avec ceux de la sécurité et du confort du cocon familial. C'est aisément compréhensible. Pourtant, les parents ne sont pas toujours d'accord et se posent souvent bien des questions sur le degré d'indépendance qu'ils peuvent admettre et sur ce qu'ils peuvent demander en échange de leurs bons soins et de la charge financière qu'ils assument. Certains se sentent même submergés par leur tâche et oscillent entre le laxisme et l'autoritarisme.

Ce qui se passe à ce stade, et en particulier les relations avec les parents, repose sur ce qui s'est passé précédemment. Il ne faut néanmoins pas partir perdant sous prétexte qu'on a l'impression de ne pas avoir fait « ce qu'il fallait » auparavant. En effet, les enfants et les adolescents changent très vite de réactions si l'environnement est différent et, notamment, si l'attitude des parents change. Rien n'est jamais perdu.

Comme le besoin d'indépendance est un besoin très prégnant à cette époque de la vie, la question est de savoir si les désirs sont raisonnables eu égard à la sécurité. Il convient toutefois de comprendre que le degré de sécurité qui était nécessaire à six ans n'est plus le même.

L'une de mes filles me déclara, vers l'âge de dix-sept ans, qu'elle voulait partir faire du camping avec l'une de ses amies du même âge. Comme je m'enquérais du lieu envisagé, elle me déclara qu'elles avaient choisi la Turquie. Je me souviens d'avoir éclaté de rire et demandé : « Pourquoi pas l'Iran ou l'Arabie Saoudite ? » Afin de ne pas paraître « raciste » à des personnes qui ne feraient pas la même analyse que moi, je tiens à préciser que je me référais aux habitudes culturelles de ces pays. La population masculine risquait fort de considérer leur seule présence non accompagnée comme une provocation sexuelle et un assentiment tacite. Elles sont finalement parties une semaine en Normandie, non loin de la résidence de la grand-mère de la jeune amie de ma fille.

Certains trouveront que c'était déjà trop de liberté, d'autres pas assez. Là n'est pas la question. Nous ne serons jamais relevés de la responsabilité de décider de ce qui est raisonnable et de ce qui ne l'est pas, et il faut en discuter avec l'intéressé. Il y a néanmoins des cas où la décision s'impose et, dans ce cas, il faut alors l'imposer. À ce stade, autant, si ce n'est plus qu'à tout autre, la jeune personne a besoin de limites claires. Des limites trop rigides risquent de l'étouffer et de la faire douter de ses capacités à prendre soin d'elle, à moins que le manque de souplesse et de dialogue ne provoque la rébellion, toujours difficile à vivre pour tous, ou même une rupture dont les conséquences peuvent être plus ou moins graves. Une quantité non négligeable de jeunes gens qui avaient quinze ou seize ans en 1968 ont été enjoints de se couper les cheveux ou de quitter le domicile familial. Certains ont préféré partir. C'était pourtant un peu tôt !

L'absence de limites ou des limites trop floues placent le jeune devant la nécessité de les mettre en place lui-même à un âge où il n'est pas forcément prêt à le faire. De plus, il risque d'interpréter cette attitude comme un désintérêt des parents. Cette fois, le risque est au niveau de l'estime de soi de base : l'importance personnelle. Il est clair que tous les enfants et jeunes gens ne réagissent pas de la même façon. Certains interpréteront les choses de telle façon que leur estime de soi n'en sera pas affectée. Nous réfléchissons en termes de risques et ces derniers sont d'autant plus grands que l'attitude des parents est plus caricaturale dans un sens ou dans l'autre.

Ajoutons que, si nous acceptons l'idée que la tâche des parents est de mener les enfants vers l'autonomie, les mesures doivent évoluer rapidement. En quelques années, la jeune personne devrait pouvoir décider pour elle-même sans que cela engendre des problèmes insurmontables.

Par ailleurs et quoi qu'il arrive, il est important de montrer aux jeunes qu'ils peuvent, parallèlement à leur cheminement vers l'autonomie, recevoir, quand ils en ont envie et comme avant, les marques d'amour inconditionnel dont ils ont besoin.

Pour en terminer avec le chapitre de l'indépendance, nous devons en aborder un autre assez délicat : celui de l'autonomie financière. À l'heure où les études sont de plus en plus longues, les jeunes gens ont souvent l'âge et les capacités d'être autonomes sans être pour autant en mesure de subvenir à leurs besoins sur le plan financier. Dans ce cas, la règle devrait être la transparence à propos des conditions du soutien. Cela demande une réflexion préalable des parents : « Que pouvons-nous et que sommes-nous prêts à faire ? Combien de temps ? À quelles conditions ? » Répondre clairement à ces questions est de leur responsabilité.

Il faudra ensuite qu'ils partagent explicitement le fruit de leurs réflexions à ce propos, en ajoutant les mesures qui seraient prises si les conditions posées n'étaient pas remplies.

Prenons quelques exemples : Caroline et Hervé se sont engagés auprès de leur fille Delphine (vingt ans) à payer ses études (quatre ans) jusqu'à l'obtention de son diplôme, à régler le loyer d'une chambre d'étudiant en ville et à lui allouer une somme d'argent mensuelle qui sera virée sur son compte. Si elle en est d'accord, Delphine s'engagera à faire le nécessaire pour obtenir le diplôme en cinq années maximum, à prévenir à l'avance lorsqu'elle vient ou ne vient pas à la maison et à participer aux tâches ménagères lorsqu'elle est là. Si elle ne réussit pas sa première année d'études, elle pourra se réorienter avec une renégociation du contrat.

Martine a grandi dans un milieu modeste et a élevé son fils toute seule. Elle n'a pas un gros salaire mais elle a décidé de financer les études de Marc (dix-huit ans) pendant deux ans. S'il veut poursuivre, il devra trouver une solution. Marc garde sa chambre à la maison. Il s'engage à en assurer régulièrement l'entretien, à prévenir s'il ne rentre pas et à tenir sa mère au courant des faits importants de sa vie. S'il ne passe pas dans l'année supérieure, il cherchera du travail. Lorsqu'il travaillera, Marc remboursera l'investissement fait par Martine sous forme de petites mensualités.

Caroline et Hervé pensent qu'il est de leur devoir de parents de payer les études de leurs enfants si ces derniers font de leur mieux pour obtenir le diplôme. Ils ont les moyens nécessaires pour le faire. Ils pensent néanmoins qu'il n'est pas sain de fonctionner sans mettre de conditions. Martine a trouvé sa propre solution, en accord avec ses valeurs et ce qu'elle peut se permettre de faire. Il existe bien d'autres contrats possibles. Dans tous les cas, c'est la bonne intelligence des droits et des devoirs de chacun qui permet l'accès à l'autonomie, même en l'absence d'indépendance financière.

Le besoin de confirmer son identité : la révision du modèle du monde

Ce stade de grand bouleversement est très important pour notre identité. Il confirme ou infirme notamment notre modèle du monde.

Les parents de Clarisse ont divorcé lorsqu'elle était petite. Par la suite, son père s'est remarié et est allé vivre à l'étranger. Elle le voyait rarement et il lui semblait plus intéressé par ses demi-frères et sa nouvelle famille que par elle. Bien qu'elle n'en ait pas eu une conscience claire à l'époque, elle en a déduit qu'elle était peu importante aux yeux des hommes. À l'adolescence, elle s'est donné de nombreuses occasions de le vérifier à nouveau. Ses nombreux flirts successifs étaient plus intéressés par les copains, le sport ou même, au bout de peu de temps, par les autres filles. Elle a donc confirmé sa croyance et révisé son estime d'elle-même à la baisse : « Cette fois-ci, c'est sûr ! »

☆

Ce stade de grands bouleversements (de 13 ans à l'âge adulte) est la période au cours de laquelle la jeune personne va vérifier son modèle du monde, c'est-à-dire ses conclusions à propos de la façon dont ce dernier fonctionne, ainsi que le rôle qu'elle peut et désire y jouer compte tenu de la valeur et de l'importance qu'elle peut s'accorder.

Cette période sera donc l'occasion de confirmer ou, éventuellement, de modifier ses croyances et ses décisions à propos de qui l'on est, de ce à quoi on a « droit » compte tenu de son degré d'estime de soi, de la confiance que l'on peut se faire pour réussir sa vie et de ce que l'on va faire dans telle circonstance ou tel domaine de l'existence. C'est la période où se confirment son identité et son Projet de vie.

Brigitte n'était pas très bonne élève. Chaque année, elle passait péniblement dans la classe supérieure. Par ailleurs, elle faisait preuve de beaucoup de vivacité d'esprit dans tous les domaines extra-scolaires et manifestait, en particulier, une excellente intelligence relationnelle. Gaie, drôle et entreprenante, elle était la « coqueluche » de ses nombreux amis. À l'issue de la classe de troisième, elle refusa d'entrer au lycée. Après quelques discussions et de nombreuses recherches, elle entra dans une école privée, spécialisée dans les relations humaines. Elle y réussit très bien et changea son opinion à propos de ses facultés intellectuelles. Quand je la rencontrai, elle occupait un poste important dans une entreprise qui exportait des produits de luxe. Elle y était très bien considérée et adorait son métier.

LE RÔLE DES PARENTS ET DES ÉDUCATEURS

La tâche des personnes qui accompagnent les adolescents et les jeunes adultes n'est pas forcément aisée.

☆

Il est néanmoins un conseil universellement utile, en particulier aux parents et aux enseignants : *croyez en eux, dites-le leur et encouragez-les.*

Je suis souvent atterrée par l'attitude de certains enseignants qui démarrent l'année du bac en rappelant aux élèves que la moitié d'entre eux au moins va échouer, qu'ils sont tous nuls ou que le niveau général est très faible. Les enseignants agissent comme s'ils croyaient qu'en prophétisant le pire, ils allaient susciter le meilleur. Si une telle recette marchait, les élèves seraient presque tous excellents car elle est très utilisée.

Contrairement à ce qu'il espère (en général), le parent qui profère un fatidique : « Tu n'arriveras jamais à rien » jette un mauvais sort à l'enfant.

Si nous sommes en colère, il vaut beaucoup mieux lui dire : « Je suis très en colère contre toi car je sais très bien que tu as toutes les capacités nécessaires pour réussir brillamment. Maintenant, voyons ensemble ce dont tu as besoin pour utilisé ces capacités. »

Le rôle des adultes est d'aider le jeune à affermir son estime de soi, et non à le pousser à se dévaloriser. Dans l'idéal, ce stade qui est le dernier avant l'âge adulte, est aussi la dernière période où il est naturel d'attendre encore des autres une définition de notre valeur personnelle.

☆

Lorsque tout se passe bien, l'indépendance, c'est aussi compter sur soi pour savoir que nous sommes importants, dignes d'être aimés, d'être heureux et de réussir notre vie, et ne pas nous laisser impressionner durablement par des personnes qui pourraient émettre sur nous des jugements négatifs.

Quoi qu'il en soit, il arrive un jour où, que nous le voulions ou non, que nous soyons prêts ou non, la société décide que nous sommes adultes.

12

L'ÂGE ADULTE, L'ÂGE MÛR ET LE GRAND ÂGE

Traverser les crises, continuer à apprendre et se réaliser

L'ÂGE ADULTE : LA MATURATION DU SOI

Dans une publication de ses recherches universitaires sur l'évolution du concept de soi (*Le développement du concept de soi — de l'enfance à la vieillesse*), René L'Écuyer considère que le stade adulte s'étend d'un âge de 24 ou 25 ans à un âge qui va de 55 à 57 ans et l'appelle : « la maturation du soi ». C'est donc à lui que j'emprunte cette expression qui me paraît convenir à merveille pour qualifier ce qui se passe au cours de cette longue période.

Cependant, après une petite enquête menée auprès de personnes entre 55 et 65 ans, j'ai confirmé une impression antérieurement acquise : aucune ne considérait qu'elle était sortie de l'âge adulte pour entrer dans un autre stade avant 60 ans et plusieurs d'entre elles situaient cet autre stade bien après, avec des écarts très importants. Interrogées, les personnes qui étaient trop jeunes pour se sentir concernées citaient de façon majoritaire l'âge de la « retraite » comme étant la fin de l'âge adulte. Quel que soit l'âge des personnes interrogées, l'âge auquel une personne paraissait « vieille » changeait en fonction de l'âge de celui qui s'exprimait ! Quoi qu'il en soit, hormis les enfants, la plupart des gens avaient des réticences à appeler « vieillesse » le stade qui suit l'âge adulte de peur, peut-être, d'être considérés un jour comme vieux à leur tour. Ils adoptaient plutôt des périphrases (« troisième âge » ou personnes « mûres »), et réservaient le nom de vieillesse à ce qu'on appelle parfois aujourd'hui le « quatrième âge » ou le grand âge.

J'ai donc décidé, arbitrairement, de considérer l'âge qui fut officiellement celui de la « retraite » pendant plusieurs décennies dans la plupart des secteurs d'activité, 65 ans, comme un âge de transition vers le stade suivant.

Nous avons déjà défini l'entrée dans l'âge adulte comme l'accession à l'autonomie. Nous avons vu qu'être autonome n'allait pas sans quelques difficultés, tant sur le plan matériel que sur le plan psychologique.

Quoi qu'il en soit, la plupart des gens considèrent une personne de 25 ans comme adulte et s'attendent à ce qu'elle prenne soin d'elle-même dans les divers domaines de sa vie. Cette attente est bien entendu intériorisée et la personne se trouve devant la nécessité d'assumer sa responsabilité.

Cette nécessité va entraîner une réévaluation de l'image de soi. En effet, auparavant, lorsque les choses ne marchaient pas comme on le désirait, il était toujours possible de blâmer les adultes : les parents, les enseignants, par exemple. D'autre part, il était également possible de considérer qu'on n'était pas encore plongé dans la « vraie vie » et que, plus tard, tout irait mieux. Par ailleurs, cette période du début de l'âge adulte s'accompagne souvent de profonds changements : réussir à s'insérer dans la vie professionnelle, faire des expériences et des choix de vie personnelle (se marier, vivre maritalement, rester célibataire, avoir ou non des enfants...). Chacun de ces choix entraîne des rôles dont certains sont tout à fait nouveaux. La personne est donc amenée à tester ses compétences dans ces divers domaines et à s'évaluer, c'est-à-dire à remettre en question son image d'elle-même et, parallèlement, son estime de soi. De même, et dans la mesure où elle investit des rôles nouveaux, sa confiance en soi n'est pas nécessairement très affermie.

On aurait tort de croire que ces réévaluations sont le propre de la période qui recouvre les premières années de la vie d'adulte. Par exemple, les enfants grandissent et se sentir capable d'élever convenablement un bébé ou un jeune enfant ne garantit pas que l'on se sentira à l'aise lorsqu'il sera devenu un adolescent. En outre, et contrairement à ce qui se passait en général autrefois, un métier et même un conjoint ne se gardent pas nécessairement toute une vie ! L'adulte va donc se trouver répétitivement dans l'obligation de réévaluer son image de lui-même et ses compétences, et les ouvrages abondent qui traitent des différentes « crises » de l'âge adulte : mésententes dans le couple, infidélités, divorces, maladies, accidents, reconversions professionnelles, chômages, peur de vieillir...

☆

Quelles que soient les crises et les inévitables transitions, une personne adulte et autonome a toujours des besoins ! La différence avec les stades précédents est qu'elle est entièrement responsable de faire le nécessaire pour les satisfaire.

Si elle ne peut pas se faire confiance pour prendre soin d'elle-même, son estime de soi en souffrira nécessairement.

Assez étrangement, ces deux « évidences » (un adulte a des besoins et un adulte est responsable de les satisfaire) sont souvent ignorées ou tout au moins prises en compte de façon très sporadiques.

Les besoins physiques

Au niveau le plus basique, de nombreux adultes oublient qu'ils ont des besoins physiques. Par exemple, ils se nourrissent en dépit du bon sens, sautent des repas, les prennent debout en faisant autre chose. De plus, ils vivent en ville et passent de leur appartement à leur voiture et de leur voiture à leur bureau. Le samedi, ils vont au cinéma et le dimanche chez leurs parents ou chez des amis qui habitent, eux aussi, un appartement en ville. Je caricature à peine car je n'ai pas mentionné les heures passées devant la télévision ou dans le métro.

Nombre de couples (y compris jeunes) ne se souviennent même plus qu'ils ont un jour désiré leur conjoint et font une croix sur leur vie sexuelle. Bien entendu, la consommation annuelle de médicaments destinés à redresser les méfaits de ce genre de « régime » augmente chaque année.

Cette surconsommation de drogues destinées à amortir les effets des mauvais traitements que nous acceptons ou que nous nous infligeons à nous-mêmes montre bien qu'en effet, les personnes conscientes d'être elles-mêmes responsables de leurs besoins et en particulier de leur santé sont en nombre restreint. Elles sont en revanche très nombreuses à attendre du médecin ou du médicament qu'il les « guérisse » plutôt que de faire le nécessaire pour rester en bonne santé.

Les besoins affectifs, sociaux et relationnels

Les besoins affectifs restent les mêmes que ceux de l'enfance : un adulte aussi veut être entouré de personnes qu'il aime et qui l'aiment. Les deux « plaies » qui empêchent la satisfaction essentielle de ces besoins sont la solitude et l'attachement négatif.

La *solitude* n'est nullement une fatalité. Elle est, pourtant, un fait « de société ». En effet, lorsqu'un symptôme (le nombre de personnes qui vivent seules, qu'elles l'aient choisi ou non) prend des proportions aussi importantes, il est difficile de laisser de côté les facteurs sociaux. Cependant, et même s'il est exact qu'il est plus difficile aujourd'hui de rencontrer l'âme sœur passé l'âge des études et des sorties en bande, j'ai toujours été frappée par l'existence et l'aspect déterminant des facteurs psychologiques. On peut remarquer une concomitance très nette entre des résistances d'ordre psychologique et l'impossibilité de rencontrer une personne avec qui partager sa vie et, au contraire, la même concomitance entre la résolution desdites résistances et « La » rencontre satisfaisante ! Par ailleurs, il est faux de faire un amalgame entre solitude et célibat, car de nombreuses personnes ne vivent pas en couple et ne se sentent pas solitaires pour la bonne raison qu'elles ont, par ailleurs, une vie affective et sociale bien remplie.

Il est d'ailleurs intéressant de faire un lien entre les facteurs psychologiques et les facteurs sociaux : des mutations sociologiques aussi importantes que celles que nous avons vécues au cours de ces dernières décennies entraînent nécessairement des problèmes de « réajustement » chez les individus. Ces réajustements ne vont pas sans difficultés et notamment au niveau de l'image de soi, de la place qu'on occupe dans la société et, bien entendu, de l'estime de soi et de la confiance en soi.

L'attachement négatif, bien décrit par Wilheim Reich, consiste à rester obstinément attaché à un partenaire qui ne satisfait pas nos besoins affectifs. Bien que « raisonnablement » surprenant, un tel comportement est très répandu. Inutile de dire qu'il est très souvent lié à une mauvaise estime de soi (« voici tout ce que je peux espérer, ou tout ce que je mérite »). Parfois, il est encore lié à la peur de perdre une reconnaissance sociale : le statut de personne « mariée » semblant préférable à celle de « divorcée » ou « seule ». Bien que probablement plus rares qu'au siècle dernier, il y a encore des couples qui n'invitent pas les personnes seules s'ils n'ont pas, sous la main, un ami de l'autre sexe à inviter également de peur de gâcher l'ordonnance du tour de table… à moins que la crainte ne soit celle d'inviter « le loup dans la bergerie » ! Ceci peut être considéré, dans certains milieux, comme un obstacle réel car l'adulte a également besoin d'avoir quelques amis intimes avec qui il entretient des échanges réguliers, et un réseau relationnel au sein duquel il se sente accepté, reconnu et apprécié pour lui-même.

Les besoins intellectuels

Il y a encore quelques dizaines d'années, les besoins intellectuels de l'adulte étaient souvent oubliés. Une fois terminées, les études restaient derrière et l'on gardait toute sa vie le même métier, voire le même poste ! On apprenait lorsqu'on était jeune, point. Avec les « crises » successives qui ont marqué le vingtième siècle et la nécessité de mobilité économique, les adultes ont réappris le sens du mot « formation permanente ».

☆

Les recherches sur le cerveau ont montré qu'il fonctionnait à l'inverse de la pile Wonder : nos facultés s'usent si l'on ne s'en sert pas. Pour les garder et — c'est tout à fait possible — les améliorer en vieillissant, il nous faut continuer à apprendre.

Apprendre de nouvelles choses, changer d'habitudes de travail ou d'activité peut être un défi enrichissant et un plaisir. Par ailleurs, l'adulte qui est en contact avec ses besoins intellectuels aura généralement du plaisir à partager ce qu'il sait, c'est-à-dire à informer, montrer, enseigner, même si ce n'est pas son métier.

☆

Les personnes qui continuent à apprendre et qui en tirent du plaisir jouissent, en général, d'une bien meilleure estime d'elles-mêmes que celles qui ne le font pas. Parallèlement, dans la mesure où elles enrichissent leurs compétences, elles gagnent également en confiance en soi.

Il est vrai qu'il ne s'agit pas d'une règle absolue puisque certaines personnes accumulent des diplômes sans pour autant combler l'impression d'être sans valeur. Nous avons déjà vu qu'elles essaient, en vain, de *faire* quelque chose pour avoir l'impression d'*être* une personne qui a de la valeur.

Les besoins de réalisation matérielle et/ou professionnelle

Qu'il ait ou non un travail rémunéré, un adulte a besoin de produire quelque chose. Un objet, un rapport, un contrat, un plat cuisiné, etc. Il a également besoin d'en retirer un « salaire », que ce dernier soit de l'argent ou toute autre gratification. Certaines personnes ressentent davantage le besoin de produire et retirent beaucoup de satisfaction de la production elle-même, d'autres sont davantage centrées sur ce qu'elles peuvent en attendre, souvent de l'argent et des biens matériels. Que l'un ou l'autre paraisse plus ou moins important ne change rien à la nécessité de satisfaire le besoin subjectif de réalisation de soi. Par ailleurs, l'adulte, lui aussi, a besoin que ce qu'il réalise soit apprécié, reconnu par l'entourage (par exemple, la personne a besoin d'être reconnue et considérée dans son milieu de travail). Dans leur ouvrage *The Joy of Old*, John Murphy et Frederic Hudson font remarquer que les années adultes sont marquées par la nécessité de se réaliser sur un plan matériel et économique et que la « valeur » d'une personne de cet âge se mesure (socialement) à sa réussite sur ce plan. Bien que Murphy et Hudson soient américains et qu'ils décrivent la société américaine, je ne suis pas certaine qu'une telle vision des choses n'ait pas envahi l'Europe aussi.

L'ÂGE MÛR OU LES ANNÉES « SENIOR » : DES ANNÉES POUR « ÊTRE »

La vie a souvent été comparée à une pièce de théâtre. Si nous reprenons cette métaphore et que nous réfléchissons en termes de besoins et de focalisations dominants, nous pouvons comparer les années qui suivent la retraite au troisième acte de la pièce. Le premier acte couvre les années d'enfance, d'adolescence et la prime jeunesse. L'accent est mis sur la transformation, les performances et les besoins physiques. Le corps se transforme et l'énergie physique croit de façon exponentielle pour atteindre un

« pic » que l'on peut situer entre vingt et vingt-cinq ans (si l'on considère les exploits des sportifs et l'âge auquel ils donnent le meilleur de leur forme physique). C'est également une période au cours de laquelle l'apparence physique revêt une grande importance. Notre époque voue un culte à la jeunesse et à la beauté.

Le second acte met davantage l'accent sur les besoins de réalisations concrètes : matérielle et économique. Il s'agit de « réussir », de gagner sa vie, d'élever les enfants... Notre époque considère également avec respect la réussite financière et les « belles situations ». On peut considérer que le « pic » en matière de réussite économique et matérielle se situe vers quarante ans. À quarante-cinq ans, si l'on n'a pas encore fait sa place au soleil, on aura du mal à se faire reconnaître sur le marché du travail et, d'une façon plus générale, sur le plan social. En revanche, si l'on a déjà « réussi », on pourra continuer à améliorer sa situation jusqu'à l'époque, souvent considérée comme « fatidique », de la retraite.

Bien entendu, il s'agit là de généralisations : il y a des personnes dont la forme et les performances physiques s'améliorent bien après vingt-cinq ans, des réussites économiques à tous âges et des personnes qui attendent la retraite avec impatience. D'autre part, il s'agit également de préjugés culturels.

☆

Le problème avec les croyances culturelles est que nous « baignons » dedans à tel point que nous sommes influencés sans même nous en rendre compte.

Bien rares sont les femmes qui regardent avec sérénité s'installer rides et cheveux blancs, en grande partie parce que, consciemment ou non, elles se comparent aux jeunes et jolies filles des magazines. Bien rares sont les hommes qui considèrent la « panne » ou la baisse de leur puissance sexuelle comme un événement sans grande importance. Il *faut* jouer un rôle actif et valorisant dans la vie économique *et* « rester » jeune, dynamique et viril.

On comprendra que, dans ces conditions, il puisse être assez difficile de garder toute son estime de soi au troisième acte. Certains même considèrent que la pièce se joue en deux actes ! À vingt ans (et même bien au-delà), il est difficile de penser qu'on en aura un jour soixante-dix et encore plus d'imaginer ce qu'on pourra encore faire d'intéressant à cet âge-là ! Ceci est d'autant plus vrai que la famille nucléaire, réduite aux parents et aux enfants, coupe très souvent ces derniers d'un modèle pour vivre, au jour le jour, cette période de l'existence. En ce qui concerne la confiance en soi, les choses sont encore plus difficiles. En effet, les seniors ont accumulé beaucoup de savoir-faire dans des domaines professionnels où, précisément, ces savoir-faire ne servent plus.

Par ailleurs, nous avons vu que la confiance en soi naît de la certitude de pouvoir raisonnablement faire face de façon satisfaisante aux défis de la vie. Si la vie est « finie », où sont les défis ? À quoi utiliser les compétences accumulées ? Qu'y a-t-il de nouveau à apprendre ? Dans quel but ? Quelles sont les compétences à acquérir ? Et, par-dessus tout, même s'il y avait un but à découvrir, le senior a-t-il les moyens nécessaires pour continuer à apprendre et à avancer ?

Un autre préjugé culturel est que la personne âgée perd graduellement ses facultés d'apprentissage et sa flexibilité. On nous rebat les oreilles avec l'histoire de ces employés d'une cinquantaine d'années incapables de « se mettre » à l'informatique et qu'il faut remplacer par quelqu'un de plus jeune, au cerveau plus « frais » (... et qu'on paiera moins cher puisqu'il en est au début de sa carrière).

Quand il s'agit de personnes ayant dépassé les soixante-dix ans, tout ce qu'on peut espérer est qu'elles ne perdront pas la tête trop rapidement et qu'elles ne finiront pas trop vite dans une institution pour personnes âgées !

Malheureusement, toutes ces croyances sont largement intériorisées par les personnes qui vieillissent, même s'il est clair que, lorsqu'elle atteignent cet âge et au cours des années suivantes, le « tableau » leur paraît, en général, infiniment moins noir qu'elles ne l'escomptaient dix ans auparavant (ce qui confirme que les préjugés ont la vie dure).

LE « BOOM » DU TROISIÈME ACTE : UN AVENIR À INVENTER

Les choses sont néanmoins en train de changer. Assez paradoxalement, l'une des raisons est économique. En effet, la masse de plus en plus importante de retraités jouissant de revenus substantiels devient une « cible » de choix pour l'économie de marché et, de ce fait, un partenaire à prendre en compte. Le retraité est un consommateur et, en particulier, un consommateur de loisirs : il a le temps.

S'il s'agit d'un « levier » qui peut être intéressant, là n'est pourtant pas l'essentiel. Les mentalités évoluent et vont continuer à évoluer sur plusieurs plans. En effet, l'espérance de vie augmente. Ce qui veut dire qu'à cinquante ans, on aura bientôt vécu seulement la moitié de sa vie. D'ailleurs, à côté des très jeunes modèles qui « font » les couvertures des magazines féminins, on voit de plus en plus de femmes belles et célèbres qui ont plus ou moins largement dépassé la cinquantaine. (Le séducteur aux tempes grisonnantes est un produit qui se vend bien depuis assez longtemps.)

Là n'est pourtant pas la véritable révolution car il s'agit seulement d'une « preuve » que la beauté, la jeunesse et la séduction peuvent durer plus longtemps. Il arrive néanmoins un jour où l'apparence physique change et ne correspond plus aux standards valorisés. Les mêmes questions se posent alors, un peu plus tard. Comment garder estime de soi et confiance en soi lorsqu'on n'est plus au mieux de son apparence et, un jour aussi, de sa forme physique? Quand on commence à douter de ses performances intellectuelles si, par hasard, on ne sait plus où l'on a mis les clés de la voiture?

La première bonne nouvelle est que la perte des capacités mentales n'est pas inéluctable : la mémoire s'entretient et peut même s'améliorer, y compris chez des personnes très âgées (au-delà de quatre-vingts ans). Il est clair aujourd'hui qu'un cerveau qui continue à fonctionner peut rendre d'excellents services à son propriétaire jusqu'à un âge très avancé. Mieux, on s'aperçoit qu'il ne s'agit pas là d'exceptions mais d'un fonctionnement normal auquel chacun peut prétendre s'il remplit certaines conditions.

☆

De nombreuses études ont été réalisées, tant aux États-Unis qu'en Europe, pour connaître les conditions favorables pour avancer en âge tout en restant en pleine santé physique et mentale. Les conclusions renforcent l'idée que *c'est notre attitude devant le vieillissement qui est déterminante*.

En simplifiant un peu, on pourrait dire qu'un individu qui s'attend à être malade et faible, à perdre la mémoire et à vieillir seul, inutile et rejeté, risque fort de voir tout ou partie de ces tristes prédictions se réaliser. En toute inconscience, il fera probablement le nécessaire pour qu'il en soit ainsi.

À l'inverse, les différentes recherches ont mis en lumière que les individus qui considèrent que le processus de vieillissement comme naturel et bénéfique vieillissent beaucoup mieux que les autres. D'après les différentes études, ces personnes acceptent leur passé et l'incorporent dans le présent, continuent une activité (physique et/ou intellectuelle), se sentent utiles et entretiennent des relations agréables avec les autres. Elles ont une vision positive de l'avenir et, si elles savent qu'elles ne sont pas éternelles, elles en concluent que le temps est précieux et elles jouissent au maximum du temps qui leur reste.

Dans son ouvrage *The Adult Years*, Frederic Hudson résume bien cette attitude : « … Oui, quelque chose nous dit que le temps est limité — mais pas de frénésie, pas de nuages noirs lâchant une pluie de pensées sombres à propos de l'infirmité ou de la mort. On sait simplement ce que l'on veut faire de ces bonnes années qui restent et on planifie ce qu'il y a à faire aussi efficacement que les circonstances le permettent. »

Par ailleurs, dans un autre domaine qui est de la plus grande importance pour l'estime de soi des personnes qui vieillissent, nous assistons à une amorce de changement des mentalités chez les Occidentaux

Lassés de la surenchère au niveau de l'apparence physique et sur le plan économique, dubitatifs à propos des bienfaits et de l'omnipotence de la « science », un nombre croissant d'Occidentaux redécouvrent les valeurs spirituelles. Les religions étaient en perte de vitesse plus ou moins prononcée ; on assiste à une nouvelle génération d'aspirations spirituelles, plus ou moins débarrassées des connotations religieuses mais traitant des mêmes sujets : dépasser les considérations purement matérielles, prendre en compte des aspects différents de la réalité, retrouver le contact avec la part « divine » en soi et dans l'univers, et découvrir un sens à sa vie.

Dans ce domaine, l'âge cesse d'être un obstacle. Au contraire, l'expérience de l'aspect matériel de l'existence, le temps libéré, la nécessité de « mettre de l'ordre » dans sa vie et de lui trouver un sens quand c'est encore possible, jouent en la faveur des personnes mûres.

Pour Murphy et Hudson, déjà cités, la troisième tâche de l'existence (celle du troisième acte, comme nous l'avons appelé) est de devenir plus pleinement « humain ». Les tâches incluent le développement de la sagesse qui permet d'apprendre à propos de ce qui a été vécu — et en particulier à propos de ses erreurs — la capacité d'apprécier le monde qui nous entoure, les autres et soi-même, et enfin le processus d'intégration de nos stades antérieurs et des différentes parties (plus ou moins conflictuelles), de nous-même pour nous sentir un être « entier » et « complet ». Dans son ouvrage *Bien Vieillir*, le docteur Olivier de Ladoucette cite les travaux d'Hélène Barrère, au centre de gérontologie de l'association Claude-Bernard. D'après ses recherches, les facteurs psychosociologiques d'un vieillissement réussi dépendent de quatre notions fondamentales : *la croyance en un contrôle interne, de bonnes capacités d'adaptation, une bonne qualité de relations affectives et psychosociales, donner un sens à sa vie.*

Il est intéressant de remarquer que ces notions fondamentales renvoient aux tâches essentielles pour entretenir une bonne estime de soi, et en particulier au chapitre 4 : « En contact avec le sens de sa vie. »

> ☆
>
> Tout se passe comme si, dans la dernière partie de son existence, l'individu faisait le nécessaire pour harmoniser sa vie et, si ce n'était déjà fait, pour lui trouver un sens profond de façon à « partir » en paix.

Dans ce but, et en fonction du sens donné, il y a un certain nombre de tâches à accomplir. C'est ce qui donne à la fois un sens à l'existence et le sentiment « d'urgence » déjà cité. Bien entendu, la nécessité d'avoir l'impression d'être « à la barre » (penser que l'on conserve la maîtrise et la responsabilité des événements) est indispensable. Nous avons déjà insisté sur l'importance de la responsabilité personnelle pour la conduite de sa vie au chapitre 7 : « Assumer sa responsabilité ; retrouver le pouvoir et la liberté. »

LE GRAND ÂGE : LAISSER LA MAISON EN ORDRE AVANT DE PARTIR

Nous l'avons vu, avec les progrès de la médecine, le nombre des personnes âgées augmente et celui des personnes très âgées, actuellement en augmentation, va continuer à croître. Un certain nombre de ces personnes, au-delà et même bien au-delà de quatre-vingts ans, reste valide et bien adapté, et une partie d'entre elles continuera à être autonome et indépendante jusqu'à la fin. Pour elles, ce qui a été dit précédemment reste vrai et, d'ailleurs, la plupart des études qui ont été menées sur le vieillissement réussi ont porté sur des populations au-delà de quatre-vingts ans. La recherche sur le vieillissement étant très active, on peut espérer que, dans les années qui viennent, le nombre des personnes très âgées qui entreront dans cette catégorie sera de plus en plus important. Même si cette perspective est encourageante à bien des égards, il reste qu'il existe un vieillissement biologique et que, ses conséquences apparaissant tôt ou tard, il se fait nécessairement sentir. Indubitablement certaines personnes vivent mieux leur vieillesse que d'autres. Dans l'état actuel des choses, il est clair qu'un pourcentage d'entre elles vivra ses dernières années avec des handicaps physiques et/ou mentaux et que certaines seront « accueillies » dans des maisons de retraite et autres services hospitaliers.

Nous allons nous intéresser maintenant aux besoins des personnes très âgées qui souffrent précisément de ces handicaps, qu'elles soient maintenues chez elles avec assistance, accueillies dans leur famille ou placées dans des établissements médicalisés.

Pour appréhender ces besoins et tenter de comprendre comment on peut y répondre, je ferai référence aux travaux de Naomi Feil, une Américaine dont les hypothèses et la méthode ont été reconnues en Amérique du Nord, en Europe et en Australie et utilisées avec une centaine de milliers de personnes âgées et très âgées vivant dans des maisons de retraite, hôpitaux et centres sociaux. Son approche a fait également l'objet de plusieurs recherches concluantes quant à son efficacité (dont au moins une en France par le docteur Jean Prentczynski à l'hôpital Sébastopol de Reims).

Cette méthode, appelée « *Validation* », a le mérite d'être à la fois efficace et respectueuse des personnes âgées et de ceux qui s'en occupent et possède, en outre, l'avantage de correspondre en tous points aux buts que nous poursuivons dans cet ouvrage : permettre à chacun de vivre en contact avec son estime de soi, quels que soient son âge et sa condition.

Le besoin de dignité : préserver son estime de soi

La première idée essentielle est que la personne âgée a une tâche à accomplir : mettre de l'ordre dans sa vie et ses émotions en passant son existence en revue et, en particulier, les moments difficiles de celle-ci pour leur trouver une « résolution ». Bien que cette tâche puisse être accomplie sans heurts majeurs, il arrive que la personne très âgée et affaiblie se sente débordée. Pour Naomi Feil, c'est lorsque cette tâche devient difficile à accomplir que la démence sénile apparaît. La personne réagit alors d'une façon peu compréhensible par l'entourage.

En effet, nous avons tous fait l'expérience d'être enfant ou adolescent, il nous est donc beaucoup plus facile de comprendre les réactions de ces derniers. En revanche, nous ne savons pas ce que c'est que de vieillir. Par conséquent, nous sommes mal à l'aise et, ne sachant quelle attitude adopter, nous tentons d'appliquer à ce stade de la vie les mêmes règles que celles qui régissent les stades précédents. En particulier, nous cherchons à faire faire « des progrès » aux personnes âgées concernées et à maintenir en elles le sens de la « réalité ». Or les progrès ne sont plus à l'ordre du jour, ou plutôt ils ne sont pas du même ordre que ceux qui sont familiers aux personnes plus jeunes.

☆

En règle générale, ce qui est considéré comme un progrès par l'entourage concerne le respect des règles sociales et le contact avec la « réalité objective ». Nous avons vu que le progrès, pour la personne âgée, se situait davantage au niveau de la révision interne du passé pour donner un sens global à sa vie.

En ce qui concerne la « réalité », il est important de comprendre celle de la personne plutôt que de lui en imposer une qui lui fait perdre la face ou qui ne correspond pas à la sienne. Au lieu de l'aider, cette attitude la pousse à se couper de plus en plus des autres et de *leur* réalité.

Par ailleurs, Naomi Feil continue à effectuer une distinction entre la démence sénile qui survient (quoique pas nécessairement) chez les personnes très âgées et la démence de type Alzheimer. Cette distinction n'est plus faite aujourd'hui ; pourtant, cette maladie suppose des lésions organiques plus précoces et plus graves que celles qui affectent les personnes très âgées. Or cette distinction est essentielle pour pratiquer la Validation avec succès. En effet, les patients atteints de maladie d'Alzheimer réagissent beaucoup moins bien à la Validation et l'évolution de la maladie semble inéluctable, alors que les personnes âgées séniles y réagissent très bien et que la pratique de la Validation prévient, en règle générale, l'évolution vers un stade ultérieur.

Maintenir l'estime de soi en pratiquant la Validation

Il nous reste à définir ce qu'est, exactement, la Validation. Il s'agit d'un mode de communication qui permet de garder le contact avec les personnes atteintes de démence sénile. La méthode est simple, concrète et peut être utilisée par toute personne se trouvant en contact de façon durable avec la personne âgée concernée : membres de la famille, soignants et aides-soignants, mais aussi personnes qui font le ménage, jardinier, etc., pour peu que l'intervenant soit bienveillant, motivé et formé.

Pour savoir comment « valider » une personne âgée, il convient de la connaître le mieux possible (son histoire, son état de santé, ses goûts...) et de repérer son stade de désorientation. On n'agira pas de la même façon dans tous les cas, car les personnes réagissent différemment à chaque stade. Pour plus de détails sur la Validation, les différents stades de sénilité (malorientation, désorientation à différents niveaux), je renvoie le lecteur aux ouvrages qui ont été écrits sur ce thème et notamment aux livres de Naomi Feil elle-même, qui ont fort heureusement été traduits en français (voir bibliographie). Nous pouvons néanmoins, pour le sujet qui nous préoccupe, donner un aperçu des comportements qui nous semblent si étranges et contre lesquels nous essayons en vain de lutter avec les moyens du bord. Nous pourrons ainsi comprendre leur signification, regarder d'un autre œil et entendre d'une autre oreille ces personnes qui accusent, affabulent, parlent de façon incompréhensible ou se murent dans leur silence, et leur répondre de façon respectueuse, en préservant leur estime de soi.

Le premier stade ou stade de malorientation est particulièrement intéressant, précisément parce que c'est le premier. En effet, si nous ne savons pas comment réagir « au début », la personne qui manifeste ces symptômes évoluera inéluctablement vers les stades plus avancés de la démence sénile alors que, validée, elle peut se maintenir à ce stade et garder son estime d'elle-même. Nous avons vu que, lorsque la personne âgée est confrontée aux pertes inéluctables, elle arrive à les gérer… jusqu'à un certain point. Une perte supplémentaire, un déménagement, un événement inattendu qui rappelle un souvenir pénible du passé, et c'en est trop. Une fois ce point dépassé, elle va mettre en œuvre une série de moyens adaptatifs pour gérer la situation en préservant son image d'elle-même. Ainsi, si elle commet des erreurs, des maladresses, oublie des noms, par exemple, elle en est consciente et ne peut pas accepter ces manques qu'elle considère avec un sentiment de honte. Elle « réglera le problème » en substituant, à ce sentiment pénible, celui de la colère, projetant la « faute » sur l'entourage et l'environnement. Ainsi, elle pourra accuser telle personne de la voler si elle ne retrouve pas ses affaires ou d'empoisonner sa nourriture si elle ne se sent pas bien, ses voisins de la « rendre folle » en faisant du bruit la nuit, etc. De plus, comme nous l'avons vu, la tâche de cette période de la vie est de mettre de l'ordre dans le passé et, de surcroît, les récepteurs sensoriels (vue, ouïe…) ne sont plus ce qu'ils étaient. La personne âgée donne donc de plus en plus d'importance à son « cinéma intérieur » et, parfois, confond ses images internes avec notre « réalité » basée sur ce qui se passe à l'extérieur, aujourd'hui. Pour la personne âgée qui privilégie ses images mentales — liées aux souvenirs du temps passé — la « présence » de ces dernières est plus « réelle », plus intéressante et plus importante que les faits de la vie quotidienne à laquelle elle ne prend plus une part très active. Elle va donc parler au présent et peut-être même de façon métaphorique d'événements qui n'ont rien à voir avec l'ici et maintenant.

L'attitude habituelle est de « calmer » le sujet qui blâme, qui se plaint ou qui « perd la tête » : mais non, personne ne cherche à l'empoisonner et s'il ne retrouve pas son portefeuille, c'est parce qu'il l'a rangé ailleurs et a oublié où. Non, il n'y a pas de train qui vient de passer ni de chien errant sous son lit… D'ailleurs, il n'a qu'à regarder ! Bien entendu, ce type de discours paternaliste ne peut être entendu puisqu'il renforce son sentiment d'inadéquation, d'incompréhension et d'échec. Une autre attitude courante est de perdre patience et de rejeter la personne « inadaptée » (par exemple en la faisant admettre dans une institution spécialisée).

Il est clair qu'il n'est pas facile de mettre un mouchoir sur ses propres émotions, surtout lorsqu'il s'agit d'un membre de sa famille, surtout si l'on est débordé, surtout si l'on attend une « amélioration ». Naomi Feil préconise avec beaucoup de bon sens de gérer ses propres difficultés dans un autre lieu (groupes de soignants pratiquant la validation, lieu thérapeutique). Il est également à noter que si les attentes des parents ou des soignants ne sont pas irréalistes, leur stress diminue considérablement.

Que faire ?

Il est essentiel à ce stade d'accepter ce qui est présenté par le sujet en écoutant avec attention et avec une bienveillance respectueuse, sans pour autant montrer une empathie exagérée qui est, en général, mal tolérée, surtout dans le premier stade : n'oublions pas que la personne essaie de faire bonne figure et de garder sa dignité. La meilleure méthode consiste à reformuler ce qu'elle vient de dire, ce qui évite de lui donner raison ou tort. On peut aussi poser des questions « factuelles » : qui lui a pris son portefeuille ? Cela s'était-il produit auparavant ? Où le train est-il passé ? Quand passe-t-il ? Combien de fois par jour ? Y a-t-il des contre-exemples à ce qui est dit ?... Attention, il ne s'agit pas d'adopter une attitude « psychothérapeutique », on n'essaie pas d'aider à « comprendre » quelque chose, ni de faire exprimer des émotions, encore moins de promouvoir un quelconque changement. Si ce dernier se produit, il sera le fruit de la bonne relation établie qui permettra au sujet de se sentir à la fois respecté et en sécurité.

En revanche, si les choses évoluent dans le mauvais sens, le sujet va passer aux *stades dits de désorientation*. Au cours des stades de désorientation, il n'essaie plus de se « défendre », il se coupe du reste du monde. Il appréciera alors une forme de toucher respectueux et affectueux et la validation de ses émotions, à condition que la personne qui la pratique soit présente et sincère.

Comment éviter la malorientation et la désorientation ?

Bien entendu, s'il est utile de savoir comment se comporter avec des parents, des patients ou des amis âgés et de préserver leur estime de soi jusqu'au bout, nous désirons tous réussir notre vieillissement et éviter de « perdre la tête » ! Citons Naomi Feil :

☆

« On vieillit comme on a vécu. Si nous acceptons nos émotions et que nous les exprimons de façon appropriée ; si nous nous acceptons nous-mêmes totalement en acceptant aussi notre chemin de vie ; si nous nous aimons tels que nous sommes, avec nos erreurs passées et présentes, nos imperfections et nos manques, nos douleurs, nos deuils et nos joies, nous ferons le travail de mise en ordre beaucoup plus facilement. Nous serons également capable d'aimer les autres. Ainsi, nous vieillirons dans de bonnes conditions et nous apprécierons la vie jusqu'au bout. »

CONCLUSION

Au fil de ces pages, nous avons décrit deux conceptions différentes de l'estime de soi représentées par deux grands courants. Le premier insiste sur l'importance et la valeur intrinsèques de l'être humain. Un enfant nouveau-né a-t-il de la valeur ? Le second met l'accent sur notre capacité de penser clairement, d'assumer nos responsabilités et d'agir en accord avec notre propre jugement. Nous avons compris qu'elles n'étaient nullement contradictoires mais complémentaires, et fait la différence entre estime de soi et confiance en soi.

Après avoir traité des conceptions erronées de l'estime de soi et des difficultés inhérentes au manque d'estime de soi et de confiance en soi, nous avons également évoqué la naissance de l'estime de soi et les conditions nécessaires pour que la confiance en soi puisse s'installer. Ceci nous a amenés à réfléchir aux « ingrédients » permettant d'une part, de s'accepter inconditionnellement, base indispensable de l'estime de soi et, d'autre part, de se faire confiance pour relever les défis de l'existence.

Nous nous sommes enfin demandé quels étaient les besoins essentiels aux différents âges de la vie pour vivre en contact avec estime de soi et confiance en soi et savoir comment nous y prendre pour avoir une influence positive sur l'estime de soi et la confiance en soi des personnes de notre entourage.

Nous l'avons déjà constaté, cet ouvrage part du postulat à la fois optimiste et réaliste qu'estime de soi et confiance en soi ne sont pas des « cadeaux » déposés ou non dans notre berceau par quelque fée capricieuse mais des « apprentissages » accessibles à tous, même si, au départ, notre éducation n'a favorisé ni l'une ni l'autre.

MAINTENIR NOTRE MOTIVATION ET NOTRE TRAJECTOIRE

Cependant, pour maintenir notre motivation et continuer à affermir estime de soi et confiance en soi, il nous faut éviter deux écueils essentiels. Le premier est lié au développement de l'estime que nous pouvons nous porter à nous-même et à la confiance que nous pouvons acquérir. Une attitude bloquante peut se résumer par la phrase : « Je ne peux pas y arriver, c'est trop difficile. » Si la tâche semble insurmontable, c'est que, bien souvent, nous raisonnons de façon aristotélicienne, en tout ou rien : je m'estime ou je ne m'estime pas. Or estime de soi et confiance en soi ne peuvent s'acquérir comme une collection de biens matériels que l'on thésauriserait et qui, un jour, serait complète. On n'apprend pas à s'estimer et à se faire confiance de façon « parfaite » et pour toujours. De plus, l'apprentissage de l'estime de soi tient souvent davantage de la réparation que de l'acquisition. En effet, la demande affective du petit enfant n'a pas de limites, il n'a jamais tout ce qu'il veut. Aussi bien intentionnée soit-elle, la mère est vécue comme « bonne » ou « mauvaise » selon l'instant et il risque fort de croire que, si elle le frustre… c'est qu'il l'a mérité ! Freud l'a très bien dit : « Il n'y a pas de bons parents » ou, si cette affirmation choque, disons qu'aucun parent n'est vécu comme entièrement gratifiant. Cette situation écorche bien souvent notre estime de soi et nous fait douter de nous-même. Plus tard, chagrins d'amour et situations de crise raviveront la question essentielle : « Suis-je vraiment aimable ? »

Nous avons également parlé du véritable défi que constitue le maintien de l'estime de soi à différents âges de la vie et notamment pour une personne qui vieillit et qui perd, petit à petit, certaines de ses facultés les plus précieuses, qu'elles soient intellectuelles ou physiques. La conséquence est que, parfois, certaines personnes sont découragées car elles prennent leurs incertitudes pour des preuves qu'elles n'ont pas « réussi » à s'estimer.

En matière de confiance en soi, c'est la même chose : qui peut jamais être certain d'avoir les capacités adéquates pour savoir réagir face à toute situation, quoi qu'il arrive ? Et si, dans la majorité des cas, cela ne nous préoccupe pas et qu'il nous suffit d'une relative sécurité, n'avons-nous jamais traversé des moments où le doute nous assaille ? Les doutes sont naturels et ne constituent nullement une preuve que nous manquons de confiance en nous. Il nous faut donc nous méfier des généralisations et utiliser nos moments de faiblesse comme des informations et des occasions d'apprendre plutôt que comme des raisons de désespérer.

FAVORISER L'ESTIME DE SOI ET LA CONFIANCE EN SOI AUTOUR DE SOI

Si le premier écueil peut être résumé par la phrase « je n'y arriverai pas », le deuxième écueil concerne notre responsabilité sociale, celle qui consiste à faire notre possible pour favoriser l'estime de soi et la confiance en soi autour de nous et peut, en général, se résumer par : « À quoi bon ? » Consciemment ou non, nous comparons le caractère minuscule de nos efforts et l'ampleur de la « catastrophe » au niveau mondial (« dans ces conditions, à quoi ça sert ? »). De nombreux pays sont en guerre, les hommes, les femmes et même les enfants sont exploités de par le monde, des réseaux de pédophiles organisent le tourisme sexuel pour septuagénaires appréciant la chair fraîche, la télévision déverse à jet (presque) continu des programmes assez débiles pour faire pleurer de désolation ou assez violents pour donner des cauchemars (et pour s'interroger sur les suites possibles de l'enregistrement de telles images), et la liste n'est pas close ! De là à penser que ce que nous pouvons faire est inutile, une goutte d'eau dans la mer, il n'y a qu'un pas. Il serait pourtant bien dommage de le franchir.

Pour maintenir notre motivation et notre trajectoire, il nous faut faire le deuil des certitudes immuables, des acquis instantanés et d'une perfection que l'on pourrait atteindre.

Nous n'aurons jamais une estime de soi totale et parfaite. Nous ne serons jamais sûrs et certains de pouvoir nous faire confiance dans toutes les circonstances de notre vie future. Notre comportement vis-à-vis de nos enfants, de notre entourage familial, amical ou professionnel ne sera jamais irréprochable et, même si nous y mettons tout notre cœur, nous ne construirons jamais une société parfaite.

Les estimations en noir et blanc sont naïves et dangereuses car elles nous empêchent d'y voir clair et, au bout du compte, d'avancer.

Les imperfections (les nôtres, celles des autres, celles de nos structures sociales et politiques, etc.) nous apparaissent nécessairement un jour et, si nous ne sommes pas capables de les comprendre et de les tolérer, nous serons probablement tentés d'abandonner la partie. Nul n'aime les batailles perdues d'avance.

En ce qui concerne le syndrome « goutte d'eau dans la mer » ou « à quoi bon !... », nous devons comprendre que tout mouvement, sans exception, a commencé par être tout petit !

Nous savons désormais qu'un battement d'aile de papillon peut déclencher un ouragan à l'autre bout de la terre. Il est impossible, à priori, d'évaluer l'impact de nos actions.

Notre responsabilité d'être humain est de faire de notre mieux avec les meilleurs moyens qui sont à notre disposition.

Aujourd'hui, nous avons de bonnes raisons de penser que la promotion de l'estime de soi et de la confiance en soi constitue un levier puissant, tant pour l'individu que pour la société. Cette tâche demande que nous restions éveillés.

Nous avons la responsabilité de réparer, entretenir et augmenter notre estime de soi et, jour après jour, d'accumuler les raisons de nous faire confiance.

Nous vivrons ainsi une vie plus heureuse, nous serons également capables d'aider les autres à en faire autant par notre exemple autant que par nos actions. De plus, nous contribuerons, peut-être davantage que nous ne le croyons, à avancer vers… un monde auquel on aurait envie d'appartenir !

Nous l'avons vu, nul ne peut prétendre détenir le remède miraculeux pour « sauver l'univers » mais certaines potions sont plus magiques que d'autres et méritent d'être bues avec enthousiasme et constance, tous les matins.

LISTE DES EXERCICES

BIBLIOGRAPHIE

BOISVERT, Jean-Marie, BEAUDRY Madeleine, *S'affirmer pour communiquer.* Ed. de l'Homme, 1979.

BRANDEN, Nathaniel, *Maître de ses choix, maître de sa vie.* Ed. J'ai lu, 1997.

BRANDEN, Nathaniel, *Les six clés de la confiance en soi.* Ed. J'ai lu, 1994.

BRIDGES, William, *Transitions.* Ed. Addison Westley, 1993.

CIORAN, E.M., *Histoire et utopie.* Gallimard, 1960.

CALIFORNIA TASK FORCE, *Towards a State of Esteem. The final report of the California Task Force to Promote Self Esteem and Personal and Social Responsability.* California State Department of Education, 1990.

CANFIELD, Jack, VICTOR Hansen, Mark, *Du côté de la vie...* Ed. Marabout, 1995.

CHALVIN, Dominique, *L'affirmation de soi.* ESF, 1999.

CHOPRA, Dr Deepak, *Un corps sans âge, un esprit immortel.* InterÉditions, 1994.

DE LADOUCETTE, Dr OLIVIER, *Bien vieillir.* Ed. Bayard, 1997.

DE SAINT PAUL, Josiane, *Choisir sa vie – Découvrir et réaliser ses valeurs et ses buts de vie avec la Programmation Neuro-linguistique.* InterÉditions, 1993.

FEIL, Naomi, *Validation*. Ed. Pradel, 1994.

FRANKL, Viktor, *Découvrir un sens à sa vie*. Les Éditions de l'Homme, 1988.

FREY, Diane, CARLOCK, Jesse, *Enhancing Self Esteem*. Ed. A.D. 1984.

HUDSON, Frederic, *The Adult Years*. Ed. Jossey-Bass, 1991.

LEVIN, Pamela, *Les cycles de l'identité*. InterÉditions, 1996.

MONBOURQUETTE, Jean, *Apprivoiser son ombre*. Ed. Bayard/ Novalis, 1997

MONBOURQUETTE, Jean, LADOUCEUR, Myrna, DESJARDINS-PROULX, Jacqueline, *Je suis aimable, je suis capable*. Ed. Bayard/ Novalis, 1996.

MURPHY, John, HUDSON, Frederic, *The Joy of Old*. Geode Press, 1995.

REDDINGTON, Marge, *Health, Happiness and Human Needs*. Ed. TDC Publishing, 1994.

SATIR, Virginia, *Self Esteem*. Ed. Celestial Arts, 1975.

SATIR, Virginia, *Pour retrouver l'harmonie familiale*. Ed. Jean-Pierre Delarge, 1980.

SEBAG-LANOE, Renée (sous la direction de), *Vieillir en bonne santé*. Ed. Desclée de Brouwer, 1997.

I F P N L
Institut français de Programmation
Neuro-linguistique
21, rue Sébastien Mercier
75015 Paris

044594 - (II) - (3) - OSB 100° - SNE

InterÉditions
5, rue Laromiguière
75005 Paris
Dépôt légal : novembre 1999
Dépôt légal de la 1re édition : juin 1999

Achevé d'imprimer sur les presses de la
SNEL S.A.
Rue Saint-Vincent 12 – B-4020 Liège
tél. 32(0)4 344 65 60 - fax 32(0)4 343 77 50
novembre 1999 – 14607